기록의 쓸모

마케터의 영감노트

기록의 쓸모

마케터의 영감노트

이승희 지음

북스톤

차례

3장   기록의 진화

모든 기록에는 '쓸모'가 있습니다

업무일지, 블로그, 브런치, 페이스북, 인스타그램, 영감노트, 여행노트, 구글 문서, 스마트폰 메모 앱, 녹음 앱, 유튜브 재생목록까지… 어느덧 일상의 친구가 되어버린 저의 기록들입니다. 사람들은 습관처럼 기록하는 저를 볼 때마다 묻습니다. "왜 그렇게까지 기록하는 거예요?", "기록을 하면 뭐가 좋은가요?" 라고.

그러고 보니 저라는 사람은 기록을 통해 꽤 많이 달라져 있었습니다. 일을 잘하고 싶어서 시작한 기록으로 책도 냈고, 여행지에서는 또 다른 기록을 남겼고, 제 기록을 공유하는 계정으로 사람들과 교류도 하고, 무엇보다 기록을 통해 저만의 시선을 갖게 되었으니까요.

제 기록의 시작은 정확하게 생각나지 않지만 이유는 또렷하게 기억하고 있습니다.
'일을 잘하고 싶어서'였습니다.

건축가에게 설계도가 있다면 마케터인 제 손에는 언제나 노트가 있습니다. 사람들의 생각을 모아서 읽고 의도와 맥락을 파악하는 일, 즉 '생각의 작업'을 노트에 기록했습니다. 또는 낯선 것에 눈이 한참 머무를 때, 기분이 이상할 때, 좋은 글을 읽었을 때, 쓰고 싶은 글이 있을 때, 기획하는 순간의 기분과 감정, 생각을 놓치지 않으려고 계속 적었습니다.
의도한 건 아니었지만 제 기록은 계속 자리를 넓혀갔습니다. 일상에서, 여행에서, 직장에서, 강연장에서, 수십 년 전의 잡지에서, 심지어 비행기 안에서까지 제가 만나는 모든 것들이 영감의 원천이자 기록이 되었습니다. 일상에서 가볍게, 때로는 마음먹고 몰아쳐서 하는 스크랩. 당장 이렇다 할 소득은 없지만 너무 재미있어서 하게 되는 딴짓들. 주변에 깔려 있는 영감들을 수집하며 저는 늘 되뇌었습니다.

"언젠가 쓸 데가 있겠지."

네, 저의 기록들은 무쓸모의 수집이자 '쓸모의 재발견'입니다.
다른 이들에겐 쓸데없어 보일지라도 제게 감동을 주는 것들을 잘 수집해두면 분명 쓸모가 있을 거라 믿거든요. 간혹 주변 사람들은 저에게 별것도 아닌 일에 호들갑 떤다고 하지만 저는 이런 기록들이, 기록을 해가는 과정이 마냥 즐겁습니다.

기록을 공유하게 된 계기는 좀 더 구체적입니다.
'내가 보고, 듣고, 느낀 기록들이 누군가에게 영감이 되면 좋겠다.'
이런 생각으로 어느 날 '영감노트(@ins.note)'라는 인스타그램 계정을 만들었습니다.
계정을 운영하면서 저는 기록의 또 다른 가능성을 발견했습니다. 모든 기록은 연결되어 '생각의 고리'가 됩니다. 5년 전 기록이 오늘의 기록과 결합해 새로운 의미를 낳고, 저의 기록이 누군가의 기록과 이어져 더 나은 생각이 되기도 합니다. 영감을 기록하고 공유하는 일은 저라는 사람을 깊고 넓게 확장시켰습니다.

어느 인터뷰에서 "세상에 제 이야기를 남기고 싶어서 기록을 한다"고 답한 적이 있는데요. 이 책은 직장인이자 마케터이자 개인인 이승희가 차곡차곡 쌓아온 기록물입니다. '제 이야기'를 하게 된 것이 어쩌면 기록으로 얻은 가장 큰 수확인지도 모르겠습니다. 무언가 받아 적는 데 그치지 않고 무언가를 지그시 들여다볼 수 있는 힘을 얻었으니까요. 결국 기록은 세상을 바라보는 또 다른 관점이자 우리를 성장시키는 자산이 된다고 믿습니다.

제 경험의 기록이, 누군가에게 기록의 시작이 되면 좋겠습니다. 저와 함께 '기록의 쓸모'를 외치는 이들이 더 많아지기를 바랍니다.

이승희

0

기록의 쓸모

나의 기록을 기록하다

묻고 답하기를 즐긴다. 거창한 인터뷰가 아니어도, 일상에서 누군가에게 무언가에 대해 묻고 답하는 행위에 가치를 둔다. 인터뷰는 내가 스스로 말하기 애매한 것들을 다른 사람의 질문을 통해 좀 더 자유롭게 풀어놓는 시간이라 생각한다. 그 과정에서 미처 알지 못했던 나를 발견하기도 한다. 이번 책을 준비하면서 기록에 대한 나의 생각을 인터뷰 형식으로 구성해보았다. 이 책을 읽는 분들에게 나의 글이 좀 더 진솔하게 가닿기 바라는 마음으로.

Q 승희 님은 기록을 '왜' 하나요?

A 첫 회사에서 함께 일하던 상사가 왜 회의시간에 기록을 하지 않느냐고 한 것이 계기라면 계기일 수 있겠는데요. 하지만 한마디로 표현하자면 제 기록의 시작은 '고민' 때문이었어요. 이 책도 처음에는 마케팅에 대한 고민으로 시작되었는데, 차츰 세상에 제 이야기를 남기고 싶다는 생각도 들더라고요. 우리는 누구나 매일 다른 이야기, 새로운 이야기를 만들면서 살아가잖아요. 그 와중에 지나간 이야기는 잊히고요. 망각을 보완할 수 있는 건 기록밖에 없다고 생각해요.

본격적으로 기록하면서부터는 기록이 '나'라는 사람을 다양하게 표현하는 수단이 될 수 있다고 여기게 됐어요. 주말 아침, 이동할 때, 아침에 눈 떴을 때 틈틈이 기록하는데, 그 과정에서 제가 몰랐던 저를 알아갑니다.

Q 기록이 나를 표현하는 수단이라면, 기록의 내용만이 아니라 '형태'에도 신경 쓰겠네요.

A 네, 형태도 중요하다고 생각합니다. 무엇을 적는지도 중요하지만 어디에 어떻게 기록하는지도 무시할 수 없죠. 기록을 물

건처럼 '수집'한다는 개념으로 보면 이해하기 쉬울 것 같은데
요. 저는 노트, 인스타그램, 브런치, 블로그 등 다양한 곳에 기
록합니다. 좀 더 확장해보면 저희 집 '하우숭'도 저를 기록하는
공간 혹은 행위로 볼 수 있겠죠. 다양한 형태로 기록하다 보면
기록의 '꺼리'를 찾는 데에도 도움이 돼요. 손으로 무언가를 만
들면서 생각도 풍성해진다고 하잖아요. 그것과 같은 이치죠.

Q **승희 님이 생각하는 기록의 범위는 구체적으로 어디까지일까요?**

A 흔히 '기록'이라 하면 짧은 글이나 일지, 회의록 같은 것을
떠올리는데요. 굳이 글이라는 형식에 집착할 필요는 없다고 생
각합니다. 사람에 따라 그림을 그리거나 사진을 찍는 방식으로
자신의 기록을 남길 수 있겠죠.

저는 하루 동안 겪은 느낌, 일에 대한 고민, 사람들과 나눈 대
화, 유튜브나 책, 넷플릭스에서 기억에 남은 구절들을 모두 기
록에 포함시켜요. 친구들과 재미로 찍은 영상이나 인스타 라이
브, 제가 만든 독립출판물도 당연히 기록이 될 수 있고요.

Q **기록의 범위를 꽤 넓게 잡고 기록을 즐기고 있다는 느낌이 들어요.**

한편으로는 그렇다 해도 '기록'이라는 주제로 책까지 쓸 수 있나 싶기도 한데요.

A 일단은 책을 내고 싶었다는 게 솔직한 심정이고요. 세상은 두 가지 유형의 사람으로 나뉘는 것 같아요. 기록을 하는 사람과 하고 싶은 사람. 저는 마케터라 그런지, '기록하는 사람'에서 더 나아가 기록이라는 행위를 사람들과 '공유하는 사람'으로 발전하고 싶었어요.

Q **기록하면서 가장 보람 있던 순간은 언제였나요?**

A 특정 순간을 꼽기는 어렵고요. 습관적으로 아카이빙을 하다 보니 제 콘텐츠가 많아졌어요. 덕분에 마케팅할 꺼리, 즉 아이디어나 기획을 제 기록에서도 찾을 수 있게 됐어요. 기록의 힘은 결코 작지 않습니다. 요리를 예로 들면 아주 유명한 셰프가 아닌 다음에야 요리 방법은 별반 다르지 않잖아요. 재료 싸움이죠. 재료에 대한 이해도가 높을수록 유리한 건 당연하고요. 어떤 재료를 조합해야 색다른 맛이 나는지 아니까요. 콘텐츠도 마찬가지인 거죠. 제가 해온 기록이 마케터 이승희의 역량에 도움이 될 때 보람을 느끼고, 마케터로서 힘을 얻습니다.

Q   무척 활발하게 기록하는데, 기록이라는 행위가 피곤하게 느껴진 적은 없나요?

A   저도 사람인데 기록이 피곤할 때도 있죠. 그런데 하다 보니 어느새 '기록형 인간'이 되어 있더라고요. 기록을 토대로 사고하게 된 것도 기록형 인간이 되는 데 한몫한 것 같아요. 직업상 새로운 것들을 찾아다녀야 하고 차별화된 기획이나 아이디어를 내야 하는데 생각이 안 나서 고민스러운 것보다 훨씬 낫거든요. 제 기록물을 토대로 생각하고 아이디어를 내는 일이 수월해졌어요. 앞에서 기록의 보람을 물어보셨는데, 어찌 보면 기록형 인간이 된 것 자체가 보람 있는 일이에요.

Q   결국 기록이 생각의 레퍼런스로 쓰이는 셈이네요.

A   네, 자기 생각에서 레퍼런스를 찾는 유형과 외부에서 레퍼런스를 가져오는 유형이 있잖아요. 어느 날 생각해보니 제가 기록에 집착하는 이유가 제 삶에 레퍼런스가 부족하기 때문은 아닐까 싶더라고요. 기록을 통해 삶의 레퍼런스를 수집하는 건지도 모르겠어요.

Q '영감노트'라는 인스타그램 계정을 운영하고 있잖아요. 그건 어떤 레퍼런스인가요? 어떤 기분으로 영감을 수집하는지도 궁금합니다. 그날그날 기분에 따라 달라진다든지.

A 제가 집중하는 테마에 따라 모으는 영감도 달라지는 것 같아요. 아침에 일어나서 카레가 먹고 싶으면 유독 카레 집만 잘 보이잖아요. 글을 쓰고 있을 때에는 잘 쓰는 사람들의 글을 보게 되더라고요. 가령 세계적인 작가들이 글 쓰는 습관은 무엇인지, 어떻게 글을 풀어가는지, 어떤 고민을 하는지, 어디서 영감을 얻는지 등에 관한 글을 찾는 거죠. 그리고 인터뷰를 많이 봅니다. 다른 사람의 생각과 제 생각을 연결시켜보려는 의도로요.

Q 오랫동안 해온 기록으로 책을 내는 거잖아요. 앞으로 기록으로 도전해보고 싶은 분야가 있나요?

A 우선 이 책을 통해 많은 분들과 기록에 대해 이야기하고 싶어요. 그 과정에서 기록의 다양성과 가능성을 찾아 더 재미있는 도전을 할 수 있지 않을까요.

Q **'기록의 쓸모'가 뭐라고 생각하시나요?**

A 효용성이나 효과보다는 '기록'이라는 결과물 자체가 기록의 가장 큰 쓸모 아닐까 싶습니다. 남들에게 기록하고 싶은 마음을 불러일으킨다면 가장 보람 있는 기록의 쓸모일 테고요. 기록하는 시간은 자신을 객관화해주고 전보다 더 성실하게, 시간을 효율적으로 관리할 수 있게 해주거든요. 무엇보다, 기록을 남기는 삶은 생각하는 삶이 됩니다.

하나 덧붙이고 싶은 건, 기록을 통해 내 경험을 다시 들여다볼 수 있다는 겁니다. 그 과정에서 나의 쓸모도 찾을 수 있을 거고요. 모든 기록에 나름의 쓸모가 있듯 우리에게도 각자의 쓸모가 있으니까요.

나를 바꾼 세 가지 기록

|

#1 회의록

대부분 그러하듯, 나 역시 처음부터 '쓰는 인간'은 아니었다. 매년 야심차게 다이어리를 사서 두어 장 힘주어 쓴 후 연말에 쓰레기로 처리하는 것이 반복되는 연례행사였달까.

초짜 마케터 시절에는 메일을 어떻게 쓰는지도 몰랐다. 게다가 매일 회의며 미팅이 쏟아져 기록은커녕 정신을 차리기도 어려웠다. 하루 종일 회의, 회의, 또 회의. 녹초가 되어 내 자리로 돌아오면 벌써 퇴근시간이었다.

그런 생활이 반복되던 어느 날, 함께 일하던 상사의 한마디가 나를 크게 바꿔놓았다.

"승희 님은 왜 아무것도 적지 않아요? 회의록은 기본이에요. 뭘 써야 할지 모르겠으면 다 써요. 아주 세세하게 기록해요."

회의록. 회의에서 이루어진 모든 내용을 문서화하는 기록.

'써야 한다.'

일을 잘하려면 뭔가 써야 한다는 사실을 그때 알았다.

이 회의를 왜 하는지, 무엇을 위해 하는지, 회의에 참석한 사람들이 어떤 목적을 향해 달려야 하는지, 그것을 써야만 비로소 우리의 회의가 완성된다는 것을 알았다. 회의에서는 다수의 사람들이 서로 다른 생각을 갖고 이야기하기 때문에 내가 A라는 의견을 전달해도 B로 이해되기 쉽다. 그 오류를 줄여주는 도구가 회의록이다. 하나의 의제를 두고 생각을 맞대는 회의, 아이디어가 기획이 되고 그것을 현실로 만들려면 대화에서 스쳐가는 아주 작은 것들도 적어야 했다. 회사에서 살아남기 위한 본능이 나를 쓰게 만들었다.

#2 《브랜드 마케터들의 이야기》

우리는 뭐든 무리해서 좋을 건 없다는 걸 알면서도, 정작 무리한 현실을 마주한 후에야 자신이 한 짓(?)을 깨닫는다. 4년 동안 몸을 돌보지 않고 일에만 전념한 결과, 쓰디쓴 통보가 날

아왔다. 이름만 들어도 섬뜩한 종양, 그리고 스트레스로 인한 세포변형. 내가 '암'일 수도 있다는 말을 들었을 때는 글자 그대로 하늘이 무너지는 줄 알았다. 다행히 암으로 전이되기 전의 세포였지만 그 사건은 너무도 충격이었다.

'무엇을 위해 이렇게까지 일했을까?'

일에 미쳐 살던 내가 처음으로 퇴사를 고민했다. 그러면서 지난 4년을 돌아봤다. 그러나 이렇다 할 게 떠오르지 않았다. 내가 한 일을 기록으로 남겨두었으면 좋았을 텐데, 일하느라 바빴지 포트폴리오 정리는 무슨. 그간의 일들이 하나도 기억나지 않았고, 아무것도 남아 있지 않은 느낌이었다. 퇴사하고 당분간 쉬고 싶었는데 손에 쥔 것이 없어서 퇴사할 수 없는 아이러니한 상황.

그때부터였다. 포트폴리오도 정리할 겸 내가 한 일들을 복기하며 하나씩 기록해보기로 마음먹었다. 조금 더 정돈된 플랫폼에 정리하고 싶어서 평소 쓰던 블로그가 아닌 브런치에 글을 썼다. 입사한 후 현재까지 일하면서 배운 것들, 일을 잘하기 위한 고민과 자세 등, 내가 할 수 있는 이야기들을 꺼내놓았다. 엄밀히 말하자면 이때부터 제대로 쓰기 시작했다.

포트폴리오를 만들기 위해 쓴 글이 사람들에게 조금씩 읽히기 시작하더니 어느 날 '퍼블리'라는 곳에서 연락이 왔다. 나를 위해 쓴 글이었는데, 운 좋게 대중에게 내 이야기를 보여줄 기회를 얻었다. 각자의 브랜드에서 일하는 실무 마케터들의 이야기를 발행하게 된 것이다. 다른 세 명의 마케터들과 함께 쓴 콘텐츠는 《브랜드 마케터들의 이야기》라는 제목으로 출간되었다. 포트폴리오는 끝내 만들지 못했지만 이 책이 나의 또 다른 포트폴리오가 되었다. 퇴사를 대비한 기록이 성장의 기록이 된 셈이다.

#3 This is a Book!

3년 전 도쿄에 갔다. 그때의 도쿄가 너무 좋았던 걸까, 내가 본 모든 것, 내가 다닌 모든 곳을 홀린 듯 인스타그램에 올렸다. 평소 하루에 하나씩 올렸다면, 5박 6일 도쿄여행 동안에는 무려 300장을 올렸다. 하루에 50장씩 올린 셈이다! 지금 생각하면 사진첩에 두면 되지 굳이 왜 인스타그램을 도배했을까 싶지만 그때의 내 감정은 그렇게 하고 싶었다. (도배의 대가로 엄청난 언팔을 당했지만. 흥) 내 계정에 내 사진들이 아카이빙된 것만으로도 행복했다.

그런데 이 기록이 나의 첫 책이 될 줄이야! 당시 나는 스토리지북앤필름이라는 서점에서 '나만의 책 만들기(독립출판하기)' 과정을 배우고 있었다. 같이 수업을 들은 동료들은 하나둘 자신의 책을 내놓기 시작했는데 나는 단기간에 책 분량을 채울 소재도, 자신도 없어서 결과물을 내놓지 못한 채 과정을 끝냈다. 아쉽지만 책 만들기는 어렵겠다고 포기하려던 찰나, 친구의 한마디. "인스타그램 300장이면 책 분량이잖아. 그걸로 책 만들면 되겠다."

인스타그램 피드를 책으로 낼 수 있다고?

그래서 해보기로 했다. 인스타그램 내용을 그대로 캡처하고, 앞뒤에 여행하며 적어둔 메모를 추가해 한 권으로 만들었다. 그렇게 나의 기록은 인스타그램처럼 아주 작은 사이즈의 책으로 탄생했다. 처음엔 책이라고 생각하지 않았기에 "장난감 같은 거예요. 웃긴 책이에요"라고 말하고 다녔다. 책이라고 부르기엔 괜히 부끄러웠달까.

하지만 인스타그램을 책으로 출간하는 과정에서 오히려 모든 사람의 이야기와 기록은 책이 될 수 있다는 생각을 하게 됐다. 인스타그램 형식과 내용으로도 책이 될 수 있다. 국어사전에서 책의 정의를 찾아봐도, '정한 목적, 내용, 체제에 맞추어 사상, 감정, 지식 따위를 글이나 그림으로 표현하여 적거나 인쇄하여 묶어놓은 것'이라 나와 있다. 대형서점에 진열된 직사각형 모양의 책만 책은 아닌 것이다.

모든 기록은 나름의 쓸모가 있다. 내가 찍은 사진, 나의 감정, 말하고 싶은 메시지를 전달할 수 있다는 것만으로도 내게는 충분히 의미 있는 경험이었다. 무언가를 자유롭게 만들 용기를 북돋는 것 또한 어엿한 기록의 쓸모일 테니.

1
기록의 시작

일을 잘하고 싶어서 기록을 시작했다. 좋은 마케터가 되고 싶었기에 초창기 내 기록은 대부분 일에 대한 이야기로 채워졌다. 그런데 재미있는 것은, 일에서 시작한 기록이 어느덧 내 삶으로 연결되었다는 것이다. 일의 실마리를 찾고 싶어 적었던 글이 쌓여 나만의 이야기가 되었다. 고민과 포부, 지키지 못한 계획, 친구나 동료들과 나눈 대화가 모여 잘 살기 위한 기록으로 남았다.

기록의 발견

앞서 말했듯이 내가 부지런히 기록하게 된 계기는 단순했다. 회사 일을 좀 더 잘하고 싶어서, 업무를 놓치지 않으려고. 하지만 마케터로 일하면서 외려 또 다른 기록의 쓸모를 실감하게 된다. 처음에는 내 일을 적는 데에만 열심이었다면, 지금은 내 기록이 나와 내 일에 어떤 영향을 미치는지에 대해 더 진지하게 생각하게 된 것이다.

요컨대 이런 질문도 고민하게 된다. 마케터에게 가장 요구되는 자질은 무엇일까.

선배가 말했다.

"마케터에게 가장 필요한 능력은 만사에 관심을 갖는 거야. 관찰력과 순간을 놓치지 않고 쥐는 능력이 중요하지. 내 손에 쥐고 내 손에 담고, 내 마음에 담아두는 능력 말이야. 마케팅은 사실 어떤 사람의 마음을 얻는 것이거든. 사람들의 마음을 잡아내려면 그들이 누구인지 명확히 알아야 하지. 그들이 무엇을 좋아하는지, 우리의 서비스나 상품, 브랜드가 그 사람들과 어떤 부분에서 합이 맞는지를 맞춰주는 채널링 역할을 하는 게 마케터야. 사람들이 좋아하는 것, 그 기운을 느끼는 세밀한 관찰력이 마케터에게는 필요해."

그래서 선배는 마케팅을 지망하는 친구들에게 카메라를 사보라 권한다고 했다. 카메라를 손에 쥐면 '담아내는 순간'을 마주하게 된다고. 카메라를 잡는 순간 바닥에 있는 돌멩이도 다르게 보이고, 하늘을 봐도 구름에서 힌트를 찾고 '의미'를 찾으려 하게 된다고.

"카메라가 있으면 담는 습관을 갖게 돼. 그게 너의 기록과 닮았다고 생각해. 마케터는 사람들이 눈으로 보고 마음으로 느끼는 것들을 단순히 담아두는 데 그치지 않고 그걸 표출하는 능력을 갖춰야 하거든. 이걸 배워가는 과정을 습관화할 수 있는 게 기록이야. 수첩을 좋아하는 것, 기록하는 것, 사진 찍는 것, 그림도 하나의 표현이 돼. 그런 표현을 꾸준히 해가면서 마케터의 능력도 키워지는 거지."

우리는 모든 것을 볼 수 있고 모든 것에서 의미를 찾을 수 있다. 그리고 이 모든 것은 기록될 수 있다. 기록된 것을 직업이나 자신의 삶과 연결시킬 수도 있다. 이를 '실행'이라 부른다. 관찰과 실행, 그사이를 이어주는 기록. 내가 마케터로서 기록을 시작한 이유다.

온전한 마케터

|

어릴 때는 대학만 가면 진로 고민이 끝날 줄 알았다. 하지만 대학에 가도, 취업을 해도, 나이가 들어도 왜 진로 고민은 끝이 없는 걸까. 수능 공부를 그렇게 열심히 했는데!

마케터로서 첫 번째 고민은 의외의 지점에서 시작되었다. 회사를 다니면서 일이란 게 혼자 마음먹는다고 뜻대로 되는 게 아니라는 사실을 깨달았다. 함께 일하는 동료가, 회사의 브랜드가, 대표님의 철학과 회사의 비전이 모두 하나의 결로 맞아떨어져야 마케터로서 제 역할을 할 수 있다는 것을.

다른 사람들과 손발 맞추며 일하는 것은 장점이 많았지만 도전이기도 했다. 오랜 시간 동고동락한 동료가 퇴사하거나 출산

휴가를 가면 혼자 덩그러니 남겨진 것 같았다. 그때마다 내 '일'에 위기의식을 느꼈다. 그런가 하면 새로운 사람이 들어올 때에는 브랜딩에 대한 생각을 하나로 맞춰가는 과정이 쉽지만은 않아 마음이 무거워졌다. 주변 사람에게 영향을 많이 받는 유형이라 더 그랬을지도 모르겠다.

무슨 일이든 혼자 할 수는 없구나… 이 사실을 실감할수록 새로운 고민이 생겨났다. 혼자 할 수 있는 게 없다면, 완벽한 마케터란 과연 무엇일까.

이 고민은 '전문성'이라는 화두로 이어졌다. 막연히 마케터가 되고 싶었던 시절이 지나자 어떤 마케터가 될 것인지를 과제로 삼았다. 퍼포먼스 마케터가 되어야 하는가, 페이스북 전문 마케터가 되어야 하는가, 행사 전문 마케터가 되어야 하는가. 내 전문분야를 만들어야 할 것 같은 압박감이 몰려왔다. 불확실한 세상에서 살아남고 싶은 본능이었을까, 매순간 나를 '어떠한 마케터'라 정의하려 애썼다. 지금과 전혀 다른 분야로 옮겨가도 지금처럼 일할 수 있을지 끊임없이 그려보았다.

그러다 우연히 전혀 다른 업계로 이직한 친구의 이야기를 듣게 되었다. 관련 경력이 없는 분야로 옮긴 탓에 과연 잘할 수 있을까 하는 주변의 염려와 달리, 친구는 빠르게 실무에 적응했고 회사에서 인정도 받았다고 했다.

내가 그 친구라면 어땠을까. 친구의 경험에 대입해보았지만 당장 답이 나오지는 않았다. 답은 천천히 왔다. 동료들과 하나씩 일을 완성해가면서 말이다. 자기만의 영역을 갖는 것도 중요하지만 일의 흐름을 읽는 능력, 수단보다 본질에 집중하는 능력을 먼저 갖춰야 한다는 것을. 나를 정의하는 전문분야 타이틀이 중요한 게 아님을. 마케터로서의 완전함이 아니라 나의 본바탕을 고스란히 살리는 '온전함'이 중요하다는 사실을 깨달았다.

친구들과 발리에 갔을 때였다. 아름답기로 유명한 발리의 선셋을 보기 위해 그랩 택시를 탔는데 차가 막혀 일행 모두가 안절부절못했다. 꼭 봐야 한다는 발리 선셋을 놓칠까 봐 조바심은 나는데 할 수 있는 건 없고… 멍하니 창밖만 보고 있는데, 마침 그랩 바이크의 광고카피가 눈에 들어왔다.

"발리 선셋을 보고 싶다면, 지금 그랩 바이크를 타세요!"

아, 어쩌면 저렇게 우리 마음을 콕 찌르는 카피를 썼을까? 긴박한(?) 상황에서도 그랩 마케터에게 감탄하는 내가 너무 웃겼지만, 그 순간만큼은 공감할 수밖에 없는 카피였다.

그리고 이 생각이 느낌표와 함께 머리를 스쳤다.

**'사람들이 좋아하는 게 무엇인지, 어떻게 커뮤니케이션할 것
인지.'**

**사람들의 마음을 들여다보고 그들이 원하는 것을 우리만의
언어로 다듬어 알리는 것이야말로 어떤 분야에 가든 마케터로
서 내가 할 일이었다.**

퍼포먼스와 데이터, 프로모션과 SNS 같은 특정 영역은 부차
적인 문제다. 본질은 내가 마케터로서 계속 '창의노동'을 하고
있느냐다. 사람들이 원하는 것을 나만의 언어로, 우리만의 방식
으로 다듬어 내놓는 것이 나의 역할이었다.

우리는 그날 발리의 아름다운 선셋을 볼 수 있었다. 언제 초
조했냐는 듯 느긋하게. 선셋은 듣던 대로 아름다웠지만 내 마
음에는 정작 다른 것이 있었다. 영화 같은 일몰의 한 장면보다
더 온전하게 내 마음에 남은 건 그랩의 카피 한 줄이었다.

기억은 짧고
기록은 길다

|

나는 기억력이 좋지 않다. 너무 잘 까먹어서 가끔은 무서울
정도다.

〈내 머리 속의 지우개〉라는 영화에서 알츠하이머에 걸려 기
억을 다 잃은 수진(손예진)이 잠시 기억이 돌아왔을 때 철수(정
우성)에게 편지를 쓰는 장면처럼, 요즘은 그때그때의 내 감정을
기록하는 데 열심이다. 빠르게 지나가는 감정들을 까먹고 싶지
않아서다.

여행지에서 순간순간 느꼈던 감정들,

누군가와 헤어지고 다시 누군가를 좋아하게 되었을 때의 그
감정,

어떤 것을 골똘히 고민할 때 드는 나의 생각들.

하루하루의 사소한 감정을 기록해둔 노트를 펼쳐보면, 그날 어떤 일이 있었는지는 정확히 기억나지 않아도 그때의 감정이 적혀 있는 것만으로 충분히 흥미롭다.
'ㅋㅋㅋ, 즐거운 하루였다. 우울하네. 화가 난다.'
하나같이 시시한 감정들이다. 뭘 그렇게 열심히 적는지 들여다보던 친구가 노트에 적힌 것들이 너무 소소해서 어이없다고 했을 정도니까. 하지만 활자화된 감정들을 들여다보고 있으면 기분이 묘해진다. 그땐 뭐가 그렇게 웃겼던 건지. 뭐가 그렇게 괴로웠던 건지.

감정을 기록하기 전에는 실용적인 기록을 많이 했다. 일하면서 알아야 하는 용어 정리, 업무 매뉴얼 같은 기록들. 첫 직장이었던 병원에서 진료 시스템이 어떻게 돌아가는지, 치과 용어가 뭔지, 환자들에게 어떻게 상담해야 할지 하나도 몰랐던 나를 살려주었던 것은 수첩에 적어둔 메모였다. 작은 수첩을 유니폼 주머니에 넣어 다니며 들리는 대로 적고, 저녁에 집에 오면 모르는 내용을 검색해서 공부하고 다시 블로그에 기록해두었다. 그렇게 매일매일 나의 업무일지를 적었다.

누구에게 보여주기 위해 적었던 것은 아니다. 모르면 혼날까 봐 두려웠던 시절의 절실한 생존기록이다. 이렇게 해도 다음 날이 되면 보란 듯이 까먹었다. 그러면 다시 받아 적고, 또 적고 계속 적었다. 종이를 보지 않고도 입에서 저절로 말이 나올 때까지, 수첩이 너덜너덜해지도록 적었다. 그러다 어느 순간 적지 않아도 될 만큼 현장에서 여유로워진 나를 발견했을 때 무척 기뻤다. 업무를 능숙하게 다 익힌 다음 비로소 오른쪽 주머니에 넣어 다니던 수첩에서 졸업할 수 있었다.

실용적인 업무일지였던 그 시절의 작은 수첩은 재미로 시작한 소셜미디어 채널들을 지나 나의 감정을 담은 메모장으로 형태를 바꾸어갔다. 지금까지 나의 존재감을 함께 만들어온 나의 기록물들을 소개해보겠다.

1. 업무일지 (2010~2011)

첫 직장에서 치과 코디네이터 업무를 익히기 위해 매주 적었던 업무 보고서. 스스로 정리하려고 시작했다가 나중에는 내부 보고서로 제출하기도 했다. 치과 용어부터 진료실 업무, 환자와 커뮤니케이션하는 법 등을 배우고 적었다. 그때 내 생각, 업무를 배우면서 느낀 점을 적어두지 못한 건 두고두고 아쉽다.

2. 블로그 (2006~현재)

2006년 9월 19일에 시작했다. 나의 포트폴리오이자 일기장이다. 2020년 4월 기준 총 2025개의 포스팅을 했다. 블로그를 하면서 검색 상위노출이라는 개념과 온라인 마케팅을 자연스럽게 익힐 수 있었다. 나의 일상, 글, 여행기, 필름사진 기록, 업무기록, 강의 후기, 영상 제작물 등이 담겨 있다.

3. 페이스북 (2010~현재)

2010년 10월, 사진을 올리기 위해 시작한 채널이다. 내 생각과 사진에 사람들이 '좋아요'를 눌러주는 게 신기했다. 페이스북을 통해 새로운 사람을 알게 되고 다양한 친구를 사귀었다. 무엇보다, 페이스북 덕분에 두 번째 회사에 입사기회를 얻어 이직을 했다! 그 뒤로도 다양한 페이스북 페이지를 만들고 운영했다. 요즘은 새로운 뉴스, 트렌드, 업계소식과 좋아하는 것들을 스크랩하는 용도로 사용한다. 내게 페이스북은 세상 돌아가는 소식을 가장 빠르게 알려주는 채널이다.

4. 인스타그램 (2012~현재)

2012년 9월 20일부터 시작했다. 명실상부 나의 사진 앨범이다. 4개의 계정을 운영하고 있으며 약 4300개의 사진이 올라와 있다. 주로 일상, 여행지, 빈티지 물건, 책, 컵 사진들이다. 인스타그램은 각종 페르소나를 만들기 쉬운 채널이라 생각한다. 이곳에서 '나'라는 사람의 이미지를 만들어간다.

5. 브런치 (2016~현재)

2016년 1월 31일부터 시작했다. 당시 퇴사를 진지하게 고민하면서 포트폴리오를 만들어둬야겠다는 생각을 했다. 회사에서 배우고 느꼈던 것들을 하나씩 복기하며 글을 쓰기 시작했다. 2020년 4월인 지금까지 56편의 글이 모였다.

6. 영감노트 (2018~현재)

2018년 8월부터 갖고 다니는 실제본 종이노트. 당시 나는 평소 이곳저곳 다니며 사람들이 해주는 말과 책에 실린 울림 있는 문장을 수집하고 싶다고 생각만 할 뿐 실행에 옮기지 못하던 상태였다. 그러던 어느 날 프라이탁 커버노트를 사게 됐고, 그에 딱 맞는 실제본 노트를 친구에게 선물받은 후부터 '영감노트'라 이름 짓고 꾸준히 적기 시작했다. 이름 그대로, 주변에서 눈에 띈 영감이 될 만한 것들을 마구 적고 있다.

7. 영감노트 인스타그램 (2018~현재)

2018년 9월부터 시작한 인스타그램 계정이다. 노트에 적을 수 없는 이미지나 영상을 놓치지 않고 잡아두기 위해 만들었다. 길을 가다 눈에 띄는 간판이나 포스터 등이 있으면 곧장 사진을 찍어 이곳에 올리곤 한다.

8. 여행노트 (2018~현재)

여행지에서 느끼는 감정을 그때그때 기록해둔다. 여행은 일상을 탈출해 낯선 감정을 느껴보러 떠나는 것인데, 막상 일상으로 돌아오면 그 감흥을 다 까먹고 만다. 여행지에서 바로 적는 기록이 반드시 필요하다고 느낀 이유다. 여행하며 쓴 글은 다녀온 후에 후기 포스팅을 올리는 것과는 느낌이 사뭇 다르다.

많은 곳을 다녔지만 여행을 손으로 기록해둔 노트는 아직 몇 권 되지 않는다. 처음에는 다이어리에 일기로 쓰거나 에버노트에 적곤 했는데 언젠가 여행 책을 내보고 싶어서 여행기록을 따로 하기 시작했다. 여행지마다 새로운 노트에 쓰면 마음가짐도 조금은 달라지는 것 같아서 좋다.

9. 구글 문서 (2014~현재)

회사에서 하는 모든 회의와 강연 요약은 구글 문서에 기록한다. 쓰는 동시에 자동 저장될 뿐 아니라 협업하는 이들과 공유하기도 좋고 온라인상에 기록이 남으므로 어디서든 문서에 접속할 수 있어 편하다. 프로젝트 보고서를 함께 만들 때에도 유용한 협업 툴이다.

10. 아이폰 카메라, 야시카T5Yashica T5 카메라

사진과 영상 찍기를 좋아해서 자연스럽게 나와 내 주변을 담아내고 있다. 전문가는 아니지만 삶을 기록하는 도구로서 사진 찍기는 내가 가장 애정하는 일이다. 사진과 영상에서 느껴지는, 글과는 또 다른 특유의 감성이 좋다. 또한 사진과 영상은 나보다는 남을 위해 남기는 경우가 많은데, 그때마다 사람들이 행복해하는 모습을 보는 것이 너무 즐겁다.

업무시간에 한 줄 :
일에 대한 배움의 기록

일을 배우는 방법은 다양하다. 사람에 따라 그리고 상황에 따라 다르겠지만, 개인적으로 가장 이상적이고 빠른 방법은 신뢰할 수 있는 리더에게서 배우는 것이라 믿는다. 운 좋게도 내게는 그런 리더가 있었고, 일에 대한 이야기를 들을 때마다 틈틈이 적어두곤 했다. 그 기록 몇 가지.

광고와 콘텐츠에 대해

동료와 랜딩페이지(*웹사이트에 유입된 방문자들이 처음 접하는 웹페이지)를 기획하던 날이었다. 우리의 1차 목표는 '사람들이 오래 머무르는 페이지를 만들자'였다. 사람들이 많이 와서 오래

머무르려면 그들이 즐거워할 만한 콘텐츠, 유용한 콘텐츠가 많아야 한다. 이런 기조 하에 기획하는데, 페이지를 만들수록 우리 욕심이 점점 커져갔다.

"콘텐츠를 보고 구매까지 하면 좋을 것 같은데."

"랜딩페이지 하단에 구매 버튼을 넣을까 말까?"

"결국 이 콘텐츠를 보는 최종 목적은 판매 아니야?"

"그러면 너무 광고 같아 보이잖아."

우리가 실랑이하며 좀처럼 방향을 정하지 못하자 리더가 말했다.

"모든 콘텐츠는 광고와 정보 그 중간에 있어요. 고객은 콘텐츠와 광고를 굳이 구분하지 않는다는 것을 전제로 방향을 잡아야 해요. 소비자들이 보기에 유용하다고 느끼는 게 핵심이지, 광고인지 아닌지는 중요하지 않아요."

파도를 만드는 일

하루하루가 너무 힘들다. 언제 끝날지 모르는 경쟁, 계속 성장해야 한다는 압박감이 우리를 짓눌렀다. 하지만 상사는 이 모든 것이 오늘도, 내일도 이어질 일상이자 마케터의 일이라며 다독였다.

"우리는 작은 파도를 만들어가고 있어요. 매일매일의 부침이 큰 추세를 만들어가죠. 큰 파도를 만드는 것, 사람들을 움직이게 만드는 것이 마케터의 일입니다."

그래, 이게 나의 일이다. 매일매일 수고스러운 부침을 만들어 나가는 것. 그래야 큰 파도를 만들 수 있다.

인간 혐오

사람들에게 사랑받는 브랜드, 사람들에게 미움 받는 브랜드. 이 둘은 한 끗 차이다. 좋아하는 마음이 있을 때 미워하는 마음도 생긴다. 어제 좋아했던 마음이 금세 미움으로 바뀔 수 있다. 우리가 좋은 마음으로 열심히 일해도 예기치 못한 방향으로 흘러갈 때가 많았다. 그럴 때마다 보이지 않는 사람들이 던지는 말에 상처 받곤 했다. 그런 내게 리더가 이렇게 말했다.

"마케터가 인간 혐오에 빠지면 끝이 없어요. 사람들에게 관심과 애정을 쏟아야 하는 게 '마케터'입니다."

나의 일은 사람들에게 관심과 애정을 쏟아야 할 수 있는 것이라고. 사람들 옆에서 공감하고 위로해야 한다고. 사람들에게 좋은 영향력을 퍼뜨려야 한다고. 이 말을 기억하고 또 기억

한다. '사람에게 관심과 애정을 쏟는 일', 내가 좋아하는 일이자
가장 어려워하는 일이다.

카피의 레벨

"카피는 4개 레벨로 나눌 수 있습니다.
마음을 움직이는 감동적인 카피,
쉽고 명확하게 이해되는 카피,
읽긴 했는데 아무 변화도 일으키지 못하는 카피,
무슨 소린지 잘 모르겠는 카피.
여러분의 카피는 어디에 있나요?

감동적인 카피는 어느 정도 타고나야 하지만,
기술적인 카피를 쓰는 것은 배우고 노력하면 됩니다.
아무나 카피라이터가 될 수는 없지만,
쉽고 명확한 카피는 누구나 쓸 수 있습니다.
시간을 들여 알고 쓰고 반복해서 또 쓰면 됩니다.

자기가 뭘 모르는지 모르는 채로
카피라이팅은 카피라이터의 영역이라 생각하거나,
남들이 하는 걸 흉내 내면서

자신의 카피는 문제없다고 생각하는 사람도 많습니다.

마케터가 커뮤니케이션을 잘하는 건 기본 소양이고,

글을 쓰는 건 그중에서도 가장 기본이자 출발점이에요.

글 못 쓰는데 일 잘하는 마케터,

본 적이 없습니다.

기술적인 카피는 누구나 잘 쓸 수 있습니다.

그리고 모든 마케터가 잘 써야 합니다."

글 쓰는 것은 마케터에게 기본이자 출발점이다. 카피라이팅
은 카피라이터의 영역이라고 생각하는 것부터 오류. 쉽게 가려
고 했던 나의 마음을 상사의 메일을 다시 읽으며 다잡는다.

오늘도 글을 쓴다. 오늘 내가 쓰는 글이 누군가의 마음을 움
직이는 감동적인 카피는 아니라 해도, 쉽고 명확하게 이해되는
문구로라도 가닿기 바라며.

업무시간에 한 줄 :
태도에 관하여

|

"커뮤니케이션이란 그냥 전달하고 소통하는 걸로 끝나는 게 아니라, 의도와 감정 그리고 생각의 삼위일체가 잘 전달되는 것입니다. 업무 보고서에 팩트만 적을 것이 아니라 내가 이 일을 왜 하는지, 무엇을 느끼고 어떤 생각을 했는지도 적어야죠. 그러면 다른 사람들도 재미있어서 남들의 업무 보고서를 하나하나 읽고 심지어 댓글도 답니다. '와, 파이팅이에요!' 그런 사소한 것들이 우리의 일을 조금은 행복하게 만들어줍니다. 참 별것 아니죠. 하지만 아이러니하게도 많은 사람들이 일하는 행복과 즐거움을 그놈의 '일' 때문에 잊고 삽니다. 일하는 것이 그냥 행복하다고 느껴지게 하는 것. 그 즐거움을 회복시켜주는 것. 그

게 리더가 할 일 아닐까요."

상사의 이야기를 들으며, 커뮤니케이션은 스킬이라기보다는 태도의 영역이라는 생각을 했다. 누군가와의 만남이나 대화가 중요한 것은 우리의 태도에 영향을 미치기 때문이다. 그래서 다른 사람과의 대화를 기록하는 것은 그 자체로 의미를 갖는다. 인생이 언제, 누구를 만나느냐에 따라 달라지는 것처럼. 데이비드 호크니도 그랬고, 비틀스도 그랬고, 스티브 잡스도 그랬다.

책이나 영화, 그림, 음악의 힘도 결코 작지 않지만, 사람에게 가장 큰 영향을 끼치는 것은 사람이다. 가족이든 친구든 다른 누군가든, 사람 없이 되는 일은 없다. 우리는 살아가는 동안 서로 영향을 주고받는다. 나 역시 마찬가지다.

뭘 해도 다르게 하는 사람, 자기확신이 있는 사람, 자기의 신념으로 주변에 좋은 영향을 미치는 사람들로부터 일의 내용이 아닌 '일하는 방식'을 배웠다.

우리 제품은 저관여일까?

동료 마케터와 나눈 대화 하나.

"요즘 사람들에게 음식은 고관여 제품이지 않을까? 한 끼가 주는 행복의 가치를 환산해봐. 그래서 한 끼를 고르는 게 엄청 중요해졌잖아."

한 끼를 먹을 때 드는 돈이 대략 1만 원 안팎이니 가격만 생각한다면 저관여 제품일까? 비슷한 가격의 책도 저관여 제품일까? 우리는 흔히 가격이 높지 않으면 저관여 제품이라 판단한다. 하지만 내게 음식이나 책은 쉽고 간단하게 구매할 수 있는 것이 아니다. 우리가 아는 물건 중에는 가격과 상관없이 관여도가 아주 높은 것들이 있다. 마케팅을 자문해주시는 신병철 박사님의 이야기가 생각났다.

"마케터가 자신의 브랜드를 저관여라 생각하면 오산이다. 어떤 마케터든 자신의 브랜드를 무조건 소비자의 고관여 상품으로 만들어야 한다. 건전지가 1000원밖에 안 한다면, 그건 저관여인가? 이 건전지로 전기를 일으켜 누군가의 생명을 구할 수 있다면?"

내가 팔고자 하는 제품, 서비스, 브랜드의 무한한 가치를 생각해보자. 내게는 보이지 않지만 누군가에게는 대단히 중요한 쓸모로 작용할 것들이 무엇인지.

내가 기록한 상사의 피드백,
상대방에게 기록될 나의 피드백

얼마 전 다른 회사에 입사한 후배를 만났다. 요즘 걱정이 많아 보여서 무슨 고민이 있냐고 물었더니 자기가 일을 너무 못한다는 것이다.

"입사한 지 2개월밖에 안 됐는데 당연히 다 잘하기 힘들지!"

하지만 후배의 고민은 생각보다 심각했다.

"전 정말 열심히 했다고 생각해서 가져갔는데 '내가 시간을 그렇게 많이 줬는데 이거밖에 안 해왔냐'는 평가를 들었을 때 자괴감이 들었어요. 전 왜 이렇게 못할까요…."

이 말을 듣자 머릿속이 복잡해졌다. 지난날 내가 해온 피드백이 떠올라서다.

"왜 이렇게 성의가 없어요?"

"고민한 거 맞아요?"

"대충대충 한 것 같은데."

"이거 진짜 별로다."

피드백의 뜻은 '결과를 알려주어 앞으로 일어날 일에 영향을 미치는 것'이다.

다시 말하면, '지난 일의 결과를 알려줌으로써 앞으로 일어날 일에 긍정적인 영향을 미쳐 더 나은 혹은 원하는 결과가 나올 수 있도록 하는 것'이다.

모든 피드백의 목적은 '더 나은 결과'다. 후배가 들은 피드백이 누군가에게는 (분노와 오기 같은) 엄청난 자극이 되어 더 나은 아웃풋을 일으킬 수도 있겠지만, 사실 이런 피드백으로 좋은 결과를 내기는 어렵다. 서로의 인간적인 관계만 나빠지기 십상이다.

우리는 일하면서 누군가에게 피드백을 받기도 하고 주기도 한다. 어느덧 내가 피드백을 받을 때보다 줘야 하는 상황이 늘어나면서, 피드백이 진짜 어려운 일임을 실감한다. 나의 기록은 누군가로부터 받은 피드백으로 가득했지만, 막상 내가 피드백을 하는 입장이 되니 막막하기만 했다.

　가장 어려운 것은, 다분히 주관적일 수밖에 없는 '크리에이
티브 영역'에 대한 피드백이었다. 어떻게 하면 더 나은 피드백을
할 수 있을지 고민하다 내게 가장 많은 피드백을 주시는 인성
상무님(배달의민족 CBO)께 여쭤봤다.

　"사람을 비난하지 말고, 일 이야기를 해. 그 사람에 대한 감정
적인 평가 말고."

　'시간을 줬는데 이거밖에 못해?', '왜 이렇게 대충 해요?'라
는 표현은 확실히 사람에게 화살이 돌아간다. 이런 피드백으로
는 제대로 된 결과를 기대할 수 없을뿐더러 내 의도도 전달되
지 않는다. 그러나 조심한다고 하면서도 한순간 잊어버리고 이
런 말을 내뱉는 나를 보면서 일이 참 쉽지 않음을 느낀다.

　피드백을 해야겠다고 마음먹을 때의 내 마음은 크게 둘 중
하나인 것 같다.

　'일하는 태도'에 문제가 있다고 말하고 싶거나,

　'결과물'에 대한 피드백을 하고 싶거나.

　어떤 피드백이든 궁극적인 목표는 '더 나은 결과'다. 그러려면
어떻게 말해야 할까. 내 생각을 다시 정리해보았다.

1. 좋은 환경과 좋음의 기준 만들기

여러 사람과 일하려면 스스로 기준을 세워야 하는데, 경험이 부족한 신입일수록 그게 참 어렵다. 하지만 선배나 동료가 관찰이나 간접경험을 통해 그 기준을 하나씩 만들어준다면 일이 훨씬 수월해진다. '여기까지 (기준을) 끌어올리는 게 좋다'고 알려주면서 스스로 익힐 수 있는 환경을 만들어주자.

신입 마케터에게 카피를 왜 이렇게 써왔냐고 나무라기 전에 어떤 것이 좋은 카피인지, 어떤 글이 목적에 닿을 수 있는 글인지 알 수 있도록 주위에서 환경을 만들어줘야 한다. 혼자 힘으로 잘해가기는 정말 힘들다. '시간을 줄 테니 알아서 잘해봐'가 아니라, 팀원들이 함께 끌어올려주고 환경을 만들어줘야 더 나은 결과물을 만들 수 있다. (휴, 내가 더 잘해야 하는 일이다.)

2. 사람에 대해 이해하기

사람에 대한 이해는 어떤 일에서든 빼놓을 수 없다. 우리 브랜드를 좋아하는 사람이 누구인지 이해하는 과정이 마케터에게 꼭 필요한 것처럼, 나와 함께하는 사람들을 이해하는 시간도 반드시 필요하다. 상대방을 알지 못하면 결코 좋은 커뮤니케이션을 할 수 없다. 소비자를 알기 위한 노력만큼 팀원들을 위한 수고가 필요하다.

3. 나의 감정 객관화하기

감정을 꼭 전달해야 하는 상황이라면 객관적으로 말해보려 노력한다.

'이 문장 때문에 나는 ○○○한 감정을 느꼈다.'

'□□ 때문에 내 기분은 이런데, 조금 더 생각해볼까.'

4. 의도를 설명하고 설득하기

내 생각을 상대방에게 강요하지 말고 의도를 분명히 밝히는 것. 어렵지만 꼭 챙겨야 할 부분이다. (어렵다 어려워.)

5. 생각할 빈틈 주기

이미 머릿속으로 결론을 내려놓고 시작하는 대화가 최악인 것 같다. 그럴수록 결과도 좋지 않은 적이 많았기에 크게 반성했다. 상대방에게 생각할 여지를 주자. 어떤 이유에서건 '빈틈'과 '여백'은 머릿속에 생각할 공간을 만들어준다.

여기까지는 피드백을 하는 사람이 해야 할 노력이다. 피드백을 받는 사람도 '내 딴에는 할 만큼 했어'라고 항변하지 않고, 더 나은 결과를 위해 피드백을 수용할 준비가 돼 있는지 점검해볼 필요가 있다.

메일도 기록이라면

열흘간 휴가를 다녀오니 메일이 300통 넘게 쌓여 있었다. 아무리 많아도 업무에 빠르게 적응하려면 꼼꼼히 다 읽어야 한다.

그런데 메일을 읽다 보니 흥미로운 차이점이 눈에 띄었다. 300개의 메일 중에는 무슨 이야기인지 이해되지 않는 메일도 있고, 내가 어떤 일을 하면 되는지 명확히 눈에 들어오는 메일도 있었던 것이다.

일할 때 메일과 메신저 커뮤니케이션을 우선시하는 회사에서는 메일이 정말 중요한 글쓰기 능력이자 매너다. 메일을 얼마나 잘 쓰냐에 따라 일의 능률이 달라지고 결과물도 달라진다. 심지어 너무 잘 쓴 메일을 받았을 때는 상대방과 그 팀에 대한 호감도까지 올라간다.

어느 날 페이스북 피드에서 라인프렌즈의 이은재 님이 쓴 〈메일 커뮤니케이션〉이라는 글을 보았다. 정말 중요한 내용이라 공유해놓고 틈틈이 꺼내보고 있다. 그때마다 중요한 줄 알면서도 못 지키는 것들이 많다는 걸 새삼 느낀다. 직장인으로서 가장 중요한 '메일 글쓰기'를 스스로 점검해본다.

1. 보고와 공유를 구분하자

리더에게는 '보고'라는 단어를, 파트너들과는 '공유'라는 단어를 써주면 됩니다. 보고도 해야 하고 공유도 해야 한다면, '보고&공유'라고 해도 됩니다.

2. 수신과 참조(cc)를 구분하자

메일의 내용을 정확히 알아야 하는 사람은 수신인에, 뭔가 결정할 필요는 없지만 이슈를 알고 있으면 좋은 경우엔 참조(cc)를 걸어줍니다. 우리 회사의 문화는 cc가 많을수록 좋습니다. 안 넣어서 섭섭한 사람을 만들기보다, 많은 사람들이 아는 오버커뮤니케이션이 좋기 때문입니다.

3. 내용은 간략하게

오버커뮤니케이션은 좋으나, 구구절절 에세이나 일기를 쓰는 것은 지양합니다. 팩트 위주로 정리해주고 자신의 의견은 정확하게 구분하여 달아줍니다. 첨부파일을 다 열어볼 거라는 기대는 버리시고, 필요한 장표만 캡처해 넣어줍니다. 모바일에서 읽었을 때 보기 좋게 메일을 쓸 줄 안다면, 이 글을 더 읽지 않아도 됩니다.

4. 결정 포인트+세 줄 요약

어쩔 수 없이 내용이 길다면 '누구님. 뭐를 결정해주세요', '뭐를 도와주세요'라고 명확하게 씁니다. 맨 앞에 세 줄 요약으로 정리해주면 센스 있다는 말을 들을 수 있습니다.

5. 난 메일 보냈으니 끝?

'그때 제가 메일 보냈잖아요', '밴드에 올렸잖아요'라는 대응은 너무 무책임합니다. 상대방이 바빠서 답을 못할 때도 많으니 찾아가서 얼굴 보고 얘기하는 것이 베스트. 그러기는 부담스럽다면, 섭섭해하지 말고 메일을 또 쓰세요! 느낌표 몇 개만 더 넣어서요. ^^

6. 회의가 끝난 뒤

결정된 사항을 기록으로 남기기 위한 메일을 꼭 쓰세요. 말은 녹아 없어지기 마련이니까요.

7. 너무 화가 난다면

절대로 메일을 쓰지 마세요. 전화도 하지 마세요. 만나서 해결하는 것이 가장 좋습니다. 리더를 만나 이야기하고, 해결해달라고 하세요. 드라이하게 감정을 빼고 메일을 쓰고, 마지막 '○○○ 드림'에 ^^ 웃음표시를 넣으세요. 스티커도 좋습니다.

8. 외부 커뮤니케이션은 특히 조심!

메일을 받았으면 빠르게 회신하세요.

회신을 놓쳤으면, 당장 사과하세요.

당신이 곧 회사입니다. 언제나 정중하세요. 그게 회사의 '격'입니다.

여기까지가 이은재 님의 포스팅이다. 여기에 나 스스로 더 주의해야 하는 점들을 덧붙여보았다.

독자를 정하자

어떤 사람이 보는 글인가? 독자를 정했다면 그들이 궁금해할 내용이 뭘까 고민해보자. 독자들이 메일 내용에 대해 아무것도 모른다고 생각하고 글을 써보자.

상대방이 메일을 받고 할 질문을 예상하고, 그에 대한 답을 준비하자

질문에 답하기 위한 자료는 무엇일까?

내용이 방대하다면 파트를 나눈다

메일에 담을 내용이 너무 많다면 큼직한 내용을 먼저 보여주고 상세 내용을 쓰는 습관을 들이자. '1분 요약-5분 요약-상세 내용'의 세 부분으로 나눠 각 부분을 돌아가며 채워보자. '1분이라는 시간이 있다면 무슨 말을 할까, 5분이 있다면 무슨 말을 할까, 나머지 내용은 어떻게 보여줄까?' 하고 가정해보면 도움이 될 것이다.

우선순위대로 나열하기

내가 가장 말하고 싶은 게 무엇인지, 어떤 것을 상대방이 알았으면 하는지 정해보자.

중복되는 사진이나 도표는 금물

메일에는 중요한 사진과 표만 남기고 우선순위에 맞춰 나열하자.

수동적 표현을 쓰지 말자

메일에는 유독 '하루 연기되었습니다'라거나 '취소되었습니다'는 식의 수동형 문장을 쓰는 경우가 많다. 그러나 수동적 표현에는 누가 그렇게 생각한다는 것인지, 누가 그렇게 결정했다는 것인지가 가려져서 그다음 논의 진행에 차질이 생긴다.

최대한 쉽고 짧게 말하기

'명일 실행하는 것으로 결정되었습니다'는 '내일 하기로 했습니다'로!

군이 어려운 영어나 한자표현을 쓸 필요가 있을까. 쉽게 이야기하자.

맞춤법은 반드시 체크

맞춤법이 틀린 곳은 없는지 메일 보내기 전에 한 번 더 점검하자.

발신하는 시간 체크

긴급히 보내야 할 용건이 아니라면 (야근하다) 밤늦게 보내지 말고 다음 날 맑은 정신으로 한 번 더 점검한 뒤 보내자.

크로스 체크

정말 중요한 메일이라면 주위 동료들에게 먼저 보여주고 문제가 없는지 체크하자. 해당 용건을 전혀 모르는 사람에게 보여줄수록 좋다.

첨부파일은 아무도 안 본다고 생각하자

상대방은 수십 통의 메일 더미에서 내 메일을 확인한다. 마음은 늘 바쁘다. 첨부파일을 일일이 열어보지 않을 확률이 높으니, 파일을 첨부하더라도 메일 본문에 한 번 더 내용을 요약해주자.

모바일에서 쉽게 볼 수 있는가?

책상에 앉아 있는 시간보다 이동시간이 더 많은 사람들은 모바일로도 자주 메일을 확인한다. 모바일에서 편하게 볼 수 있는지 점검하자. 첨부파일이 모바일에서 잘 열리는지도 체크하자.

감정을 담자

과한 이모티콘이 아니라면 웃음 표시 정도는 대화를 부드럽게 해준다. 적절히 활용해보자.

알겠습니다. → 알겠습니다. ^^

수고하십시오. → 오늘도 좋은 하루 보내세요. :)

내가 팀의 얼굴이자 회사다

협업하는 부서 또는 다른 회사에 보내는 메일일수록 더욱더 내가 우리 팀 또는 회사의 얼굴이라 생각하고 긴장해서 쓰자. 내가 대충 보낸 잘못된 메일 하나로 우리 회사나 우리 팀 전체가 욕먹을 수 있다.

일의 진행상황을 공유하고 기록하자

일 잘하는 사람들은 공유를 정말 잘한다. 회의를 했다면 회의록을 공유하고, 어떤 일이 진행되고 있다면 진행상황을 팀원들과 공유하자. 그리고 모든 일은 기록되어야 하며 남겨져야 한다고 생각하고 메일을 쓰자. 일의 진행상황에 대한 공유와 기록은 넘치게 해도 좋다고 생각한다.

예전에 팀장님이 한 통의 메일을 쓰기 위해 며칠씩 고민하는 모습을 보고 놀란 적이 있다. 항상 메일을 잘 쓴다고 생각했던 그 팀장님도 그렇게 고심하며 썼다 지웠다 반복했던 것이다. 쓰는 사람의 수고로움 덕분에 내가 편하게 읽을 수 있었나 보다. 언젠가 팀장님이 한 말이 생각났다.

"간단명료해야 하고 상상할 수 있게 해야 하고 작은 문장 하나라도 듣는 사람 입장에서 쓰는 것. 커뮤니케이션의 본질은 이런 것 아닐까요?"

우리는 오늘도 수십 통의 메일을 읽고 수십 통의 메일을 보낸다. 제발 오늘은 '나만 아는 메일'이 탄생하지 않기를.

예민한 마케터

|

"제 예민한 성격이 일할 때 도움이 많이 돼요."

일하면서 만난 사람 중에는 유독 예민한 이들이 많았다. 세상의 흐름과 사람의 감정에 민감해야 하는 직업의 특성 때문일까. 나는 미처 파악하지 못한 문제점이나 특성을 귀신같은 감각으로 짚어내는 사람들을 보면 신기하고 감탄스럽다. 실제로 주변에는 자신의 예민함을 강점으로 삼는 이들이 적지 않았다.

그런데 한쪽에는 다른 의미로 예민한 사람들이 있다. '저 사람은 정말 예민한 것 같아'라고 생각하게 만드는 사람들.

전자의 예민함과 후자의 예민함은 사뭇 다르다. 전자의 예민함이 유능함의 맥락으로 읽힌다면, 후자의 예민함은 부정적인 맥락으로 읽힌다.

〔예민하다〕

1. 무엇인가를 느끼는 능력이나 분석하고 판단하는 능력이 빠르고 뛰어
   나다.
2. 어떤 문제의 성격이 여러 사람의 관심을 불러일으킬 만큼 중대하고
   그 처리에 많은 갈등이 있는 상태에 있다.

나는 일을 하면서 점점 예민한 사람으로 바뀌어갔다. 특히 소셜미디어를 운영하는 일은 커뮤니케이션의 최전방에 있기 때문에 한 번의 실수도 용납되지 않는다. 그래서 나는 사전적 의미의 1번을 발달시키기 위해 노력했고, 그 결과 2번의 갈등상태를 많이 만들어내는 사람이 되었다. 그렇게 치열한 시간을 보내다 혼자가 되면, 일에서 드러냈던 나의 예민함은 무엇이었을까 생각하게 된다.

'너만 예민해? 나도 예민해.'

누군가 나를 보며 이렇게 생각하지는 않았을까.

부끄럽지만 나는 내가 예민하다는 것을 (조금은) 자랑스러워하며 동료들에게 표현했던 것 같다. 그건 예민한 게 아니라 상대방을 배려하지 않는, 무례함인 줄도 모르고.

치열하게 일하는 사람들, 잘해내기 위해 지금 이 순간도 초집중하는 사람들 가운데 예민하지 않은 사람이 과연 있을까? 평소에 무던한 사람조차 일할 때만큼은 예민할 수밖에 없다.

하지만 놀랍게도 예민한 티를 내지 않는 사람들은 있다.

나는 진짜 예민한 사람은 '예민하지 않은 척'하는 사람이라 생각한다. 예민하기에 분위기를 잘 읽고, 상대방을 배려할 줄 아는 사람. 그런 사람들이 진짜 예민한 사람이라 생각한다.

팀워크를 이끌고 분위기를 좋게 해 결국 성과를 내는 사람.

무례한 줄도 모르고 예민한 티를 내는 하수가 되고 싶지는 않다. 어디서든 '나 예민해'라고 말하기 전에 그만큼 기민하게 상대방을 헤아려본 적은 있는지 스스로 물어보리라 마음먹는다. 그만큼 성과를 냈는지도.

일은 예민하게 잘하지만
예민한 사람으로 보이지 않는 것,
말 걸기 어려운 가시 돋친 사람이 아니라
생각이 기대되는 날카로운 사람이 되는 것.

그것이 무례하지 않은, 진정 예민한 사람이 되는 길이다.

사람 스트레스

회사에 다니는 동안 '스트레스'에 대한 질문을 많이 받았다.

"승희 님도 일하면서 스트레스 많이 받나요? 그럴 때는 어떻게 하나요?"

동료들과 개인적으로 여행도 자주 다닐 만큼 가까웠고 워낙 신나게 일하는 분위기의 회사여서 스트레스를 덜 받는 것처럼 보였을까? 물론 즐겁게 일했지만 아예 스트레스가 없을 수는 없다. 그러다 스트레스에 대해 진지하게 생각해보게 된 계기가 생겼다. 우리 팀 리더에게 누가 비슷한 질문을 한 것이다.

"업무강도가 매우 높은 회사 같은데 스트레스를 어떻게 이겨내나요?"

"저는 스트레스는 두 종류라고 생각해요. '사람에게서 오는 스트레스'와 '일에서 오는 스트레스.' 전자는 다른 사람과의 관계에서 겪는 스트레스죠. 후자는 일을 더 잘하고 싶어서 생기는 스트레스고요. 회사에서 받는 스트레스가 두 가지라면 그중 사람에게서 받는 스트레스를 줄여주는 것이 제 역할이라 생각합니다."

그 답변을 들으며 나는 어떤지 생각해보았다. 나는 회사에서 사람에 대한 스트레스는 받지 않는 편이다. 이유는 두 가지인데, 하나는 사람 스트레스를 주지 않는 좋은 구성원들을 만난 덕분이고, 다른 하나는 개인적으로 사람에 대해 과한 기대를 하지 않기 때문이다. 좋은 면이든 나쁜 면이든, 어떠할 거라 그려지는 누군가의 모습은 내가 짐작하는 것일 뿐 그 사람의 실제 모습이 아닐 수 있으므로.

누구나 비슷한 경험이 있을 것이다. 직장에서, 모임에서, SNS에서 만난 누군가를 어떤 사람일 거라 판단했다가 어긋난 경험, 혹은 기대와 다른 모습에 힘들었던 경험. 그럴 때 받는 스트레스나 실망은 순전히 내 탓일 수 있다. '내가 입사한 이 회사는 좋을 것이다', '이 사람은 이럴 것이다'라며 막연한 기대를 한 것은 아닌지.

"내가 별로라는 걸 인지하는 사람은 더 나은 사람이 되기 위해 무엇을 해야 하는지 고민할 수 있다. 무엇보다 개인의 선량함이나 역량에 의존하는 방식보다 제대로 굴러갈 수 있는 체계가, 시스템이 중요하다는 사실에 더 빨리 가닿을 수 있다. 그건 비관이 아니다. 비전이다."

　– 허지웅, 《버티는 삶에 관하여》(문학동네)

지금 이 순간에도 말이 안 되는 일로 스트레스를 받는 직장인들이 있을 것이다. 상사가 시도 때도 없이 메신저로 말을 걸어서 스트레스 받는 사람, 시키는 일만 할 것이지 쓸데없이 일을 벌인다고 구박받는 사람, 사사건건 불평만 늘어놓는 분위기 속에 똑같이 부정적으로 변해가는 사람, 누군가에게 잘 보여서 회사생활을 쉽게 하려는 동료 때문에 열받는 사람.

'사람 스트레스'로 괴롭지만 당장 회사를 그만둘 수 없고 버텨야 한다면, 사람이나 회사에 대한 기대를 조금 내려놓는 것은 어떨까. 그 에너지를 더 나은 내가 되는 데 쏟는 것이다. 이것이 우리가 취할 수 있는 최선이 아닐까.

자존감과 자괴감 사이

나는 왜 이렇게 일을 못할까.

이번에도 막혔다. 매번 이런 식이다. 일 욕심은 많아서 이것도 저것도 내가 하겠다고 주도적으로 손을 들지만 실행하는 과정에서 매번 어려움을 겪는 사람. 바로 나다.

다른 이들은 혼자서도 착착 잘하는데… 난 손이 참 많이 가는 유형이다. 일 하나 할 때마다 이렇게 많은 사람들이 도와야 하게 만들면서 왜 매번 나서는지, 나도 나를 잘 모르겠다. 그나마 지금은 같이 머리 맞댈 동료들 덕에 비교적 수월하게 풀리는 편이지만, 사회초년생 시절에는 일을 모르는 데다 혼자 해야해서 막막하고 어려울 때가 많았다. 새로운 일은 새로워서 어렵고, 익숙한 일은 익숙해서 어렵다.

이렇게 마음이 힘들 때는 어느 강연에서 TBWA KOREA 대표인 박웅현 CD님이 한 이야기가 떠오른다.

"인생은 고통이 기본값입니다. 그런데 행복이 인생의 기본값이라고 생각하는 사람이 많더라고요."

그렇다. 고통이 기본값인 인생이기에 드물게 찾아오는 그 '행복'이 좋은 건지도 모른다. 집보다 회사에서 보내는 시간이 더 많은 우리는 매일 일하며 필연적으로 고통을 겪는다. 고객을 직접 초대해야 하는 오프라인 프로젝트를 준비할 때에는 머리가 하얗게 세는 건 아닐까 싶을 정도로 준비하는 내내 초조하고 부담스러웠다.

"사람들이 많이 안 오면 어떡하지?"

"내가 봐도 재미없으면 어쩌지."

"이 영상, 반응 없을까 봐 무서워."

일을 할 때 자기에 대한 확신이 없으면 정말 힘들다. 자기확신이 있을 때 자존감도 높고 일도 잘하는 것 같다.

하지만 아이러니하게도 자존감이 높아서 자괴감에 쉽게 빠지는 사람들도 종종 본다.

나 자신을 믿는 만큼,

일이 안 되었을 땐 더 고통스럽고

일이 잘되었을 땐 성취감도 크다.

특히 마케터들이 그렇지 않을까. 분명히 잘될 거라 믿고 몇 년 동안 심혈을 기울여 만든 서비스인데, 광고를 제작해 페이스북에 업로드하면 평가가 나오는 기간은 단 며칠. 때로는 더 짧다. 피드백이 (허무할 정도로) 빨리 오니, 일이 안 되었을 때 고통도 더 클 수밖에 없다.

지금도 많은 사람들이 이런 고통 속에 일하고 있을 것이다. 나 역시 일할 때마다 비슷한 자괴감에 빠지기 일쑤였다.

일 ∞ 자괴감

하지만 기특하게도 나는 일이 끝나면 언제 그랬냐는 듯 아주 쉽게 자괴감에서 벗어나곤 했다. 이유는 역설적으로 내게 엄청난 자기확신이나 자존감이 없기 때문이었다. 더 정확히 말하면, '자만심'으로 이어지는 자존감이 없었다. 덕분에 내가 못하는 일이 수만 가지라도 내가 잘할 수 있는 일 하나를 해내면 그것에 만족할 수 있었다.

어느 날 나눈 동료와의 대화에서 내게 남은 구절도 이것이었다.

"자존감이 진짜 중요한 것 같아요. 김밥 한 줄을 말아도 내가 이 동네에서 제일 잘 만들 수 있을 거라는 자신감. 저는 고민 같은 거 안 해요. 내가 해결할 수 있는 것과 못하는 것 중에서 해결할 수 있는 고민만 해요. 해결할 수 없는 건 붙들고 있어봐야 힘만 들거든."

그의 말대로, 아주 작은 부분에서 하나씩 성취감을 느끼는 것. 그렇게 나는 자괴감에서 벗어났다.

자신감, 자괴감, 자만심 모두 내 안에서 만드는 것이다.
실력 없이 겸손한 것도
지나치게 자만하는 것도
지양하는 내가 되고 싶다.

앞으로도 끝없는 자괴감 속에 허우적거리겠지만 그럴 때마다 나를 믿고 다시 시작해보려 한다. 분명 난 어딘가에는 쓸모 있는 사람이라 믿기에.

덕질과 덕후

"저는 덕질하는 게 없어요."

한때는 이 말을 하는 게 스트레스였다. 나에게 깊이가 없다고 나 스스로 밝히는 것 같아서였다.

나는 왜 열렬히 좋아하는 게 없지?

혹시 정말 깊이가 없는 걸까?

이런 고민을 하던 어느 날, 비행기에서 옆자리에 앉은 사람과 좋아하는 것에 대해 이야기를 나눴다.

"나는 빈티지를 좋아하고 SNS를 좋아하고 여행을 좋아하고…."

말하고 보니 내게도 꾸준히 즐기는 것들이 있었다!

스스로 덕후가 아니라고 생각했던 건 남들과 비교하면서 괜히 느낀, 나에 대한 아쉬움이었나 보다.

(그래도 깊이에 대한 고민은 계속했으면 좋겠다.)

빈틈의 중력

|

"빈틈에는 중력이 있습니다.

제가 좋아하는 문장 중에, '말 없는 자는 상대를 수다쟁이로 만든다'라는 말이 있습니다. 누군가 말을 많이 하면, 내 말이 끼어들 틈이 없죠. 상대가 과묵하면(하지만 당신의 말을 듣고 있다는 신호를 주면) 나도 모르게 그 틈을 메우려 들게 됩니다. 이것은 단지 사람과 사람 사이의 대화에 대한 이야기가 아닙니다. 어떤 콘텐츠든 수신자로 하여금 들어올 여지를 주면, 나도 모르게 개입하고 싶어지고, 일단 개입이 시작되면, 그것에 대한 관심도 달라집니다. 어떤 영화가, 노래가, 소설이, '저건 내 얘기야'가 되는 거죠."

TBWA KOREA 유병욱 CD님의 책 《생각의 기쁨》(북하우스)에서 내가 가장 좋아하는 문단이다.

그 빈틈을 메우려 무던히 노력한 적이 있다. 누군가와의 대화에서 답을 정해놓고 이야기를 시작한 적도, 어색한 게 싫어서 수다스럽게 아무 말이나 늘어놓은 적도, 캠페인을 기획하면서 내가 원하는 대로 결론을 마구 끌고 간 적도 있다.

심지어 어렸을 때는 드라마에서 '열린 결말'을 내는 작가들을 가장 싫어했다. (특히 〈파리의 연인〉과 〈거침없이 하이킥〉….)

그런데 요즘은 왜 이리 열린 결말이 좋은 건지.

1화부터 작가와 극중 배우들과 호흡하며 시청자가 함께 완성해가는 드라마나 영화가 왜 더 매력적으로 느껴지는 건지.

'빈틈'의 힘을 믿게 되면서부터였을까?

꽤 오랜 기간 베스트셀러에 올랐던 책이 있다. 서점에 갈 때마다 궁금했다. 개인적으로 그다지 흥미 있는 책은 아니었는데 사람들이 왜 저렇게 열광할까. 그 자리에 서서 읽는 사람들의 몰입도를 보면 분명 좋아할 수밖에 없는 매력적인 책인 듯했다.

하지만 나에게는 조금 부담스럽게 느껴졌다. 책 속의 문장은 무척 친절했고 구체적이었다. 조금의 빈틈도 주지 않는 책이랄까.

나는 내가 생각할 수 있게 하는 글, 여운을 주는 '밀도 있는
글'을 좋아한다. 짧은 문장이지만 강한 힘이 느껴지는 글. 그렇
게 쓰기가 무척 어렵다는 것을 알기에, 그런 글을 쓰는 작가들
을 존경한다.

마케팅 기획에도 빈틈은 필요했다.
회사에서 이모티콘을 기획할 때였다. 내가 할 일은 사람들이
가장 많이 표현하는 감정을 순위별로 정리하고, 디자이너에게
기획한 내용을 전달하는 것이었다. 논의 결과 확정된 메시지 표
현은 이러했다.

1) 안녕
2) OK 최고
3) NO 거절
4) 신남
5) 사랑
6) 축하
7) 의욕
8) 배고파
9) 치킨

10) 미안

11) 힘듦, 쭈글쭈글, 우울

12) 펑펑 욺, 훌쩍

13) !!!!!!

14) ???????

15) 무서워(떨림), ㄷㄷㄷ

16) 화남

17) 졸려, 잘게, 굿나잇

이 표현으로 어떤 이모티콘을 만들지 디자이너들과 함께 이야기하는 과정에서, 이모티콘에도 빈틈이 있어야 한다는 사실을 알게 되었다. 사람들은 이모티콘에 자신의 자아나 성격을 투영한다. 그러하기에 우리가 처음부터 끝까지 정서를 다 정해줄 수는 없다. 만드는 사람 입장에서 용도를 100% 정해버리면 쓰는 사람은 재미없어지므로. 완벽한 정답이 아닌 애매한 빈틈이 필요했다.

그날 회의록에는 이런 기록이 남았다.

1. 이모티콘은 애매해야 한다.

2. 애매모호해야 상대방이 감정이입하며 쓸 수 있다.

3. 상대방 카톡 대화창, 즉 보이는 입장에서 생각하고 만들어
   보자.
4. 캐릭터에 약점이 있어야 사랑받는다. 사람들은 캐릭터의
   약점에 자신의 약점을 투영하며 공감한다.

우리가 만든 이모티콘 중에는 감정 표현이 명확한 것도 있지만 애매한 것도 있다. 같은 표현을 보고도 누군가는 '울고 있네'나 '무표정이네'라 느끼고, 다른 누군가는 '웃는 것 같은데?'라고 생각할 수 있게 하고 싶었다.

나는 스스로에게 꽤나(?) 완벽함을 요구하는 편이지만 때로는 굳이 빈틈을 메우려 애쓰지 않는다. 특히 누군가와의 대화에서는 공백을 두려고 노력한다. 예전에는 빈틈이 어색했는데 요즘은 그 공백에서 상대방의 매력을 발견하곤 하니까. 그것이 서로를 끌어당기는 '빈틈의 중력' 아닐까.

찌질한 공감

|

마케터가 되고 싶어 하는 분들이나 후배들로부터 직업에 관한 질문을 종종 받는다. 그중 단연코 많이 나오는 질문은 "마케터가 되려면 어떤 자질이 필요하나요?"였다. 이 질문에서 '자질'이라는 키워드는 마케터에게 필요한 능력 내지 적성이라는 말로 바꿀 수도 있을 것이다. 나의 대답은 언제나 같았다.

"마케터는 사람들이 뭘 좋아하는지 아는 사람이어야 해요."

마케터의 기본 자질은 무엇보다 세상에 대한 관찰일 것이다. 그리고 관찰한 내용을 사람들이 좋아하는 것으로 바꾸는 것이 마케터의 능력 아닐까 싶다.

이는 '공감'이라는 말과도 일맥상통한다. 마케터로 일하면서 소비자의 공감 포인트를 찾아야 할 때마다 고민에 빠졌다. 대체 사람들은 어떤 것에 열광하고 반응해줄까, 더 새로운 것이 있기는 할까… 생각을 거듭해도 머릿속만 복잡해지기 일쑤였다.

그럴 때면 음악을 듣거나 영화를 보면서 마음을 풀었다. 영화나 음악에 빠지면 아무 생각 없는 무중력 상태가 되어서 좋았다. 이럴 때는 책을 읽어도 이성적인 힌트를 얻기보다는 감성적으로 위로를 받았다. 사람이 아니라 콘텐츠에서 위로받는다니 조금 웃기긴 하지만.

그중에서도 유독 나는 누군가의 개인적인 이야기에서 시작되었을 거라 짐작되는 노래, 영화, 책에 울고 웃으며 공감하고 위로를 받는 편이다. 송원영 감독님도 그랬고 윤종신도 그랬고 무라카미 하루키도 그랬다. 왜 그럴까 궁금해하던 중, 송원영 감독님의 강연에서 실마리를 얻었다.

"이별에서 헤어나지 못하는 사람들. 그런 사람들이 진짜 디테일을 살려요. 집착하고 찐따같이 굴지만 그런 친구들이 승부수를 띄우거든요. 진짜 크리에이티브는 멋없고 찌질하고 비참한 부분에서 나와요. 그 부분에 모두가 공감하는 겁니다."

송원영 감독님의 뮤직비디오 〈고스란히〉에는 경험해보지 못했다면 결코 나올 수 없는 소품, 가사, 스토리가 있다. 남자주인공이 헤어지자고 하는 순간, 버스에서 넘어질 뻔한 여자주인공의 흔들림, 그 모습에서 '복잡한 감정'에 대한 공감대가 형성된다. 별별 상황에서 다양한 감정을 숱하게 겪어본 사람만이, 쓸데없어 보이지만 결코 쓸모없지 않은 디테일을 만든다.

'개인적인 이야기가 보편적인 이야기가 되는' 것이다.

가수 김범수는 〈보고 싶다〉를 녹음할 당시 여자친구와 행복하게 연애하던 터라 가사가 와 닿지 않았다고 했다. 그래서 애절한 감정을 끌어내기 위해 일부러 헤어졌다는 비하인드 스토리까지 있다. 극단적인 사례지만, 아파본 사람만이 아픈 사람의 마음을 이해할 수 있고 고통을 겪어본 사람만이 다른 사람의 고통을 이해할 수 있다는 데에는 무척 공감한다. 고통 없이 마냥 행복한 사람은 타인의 고통에 공감할 수 없고 귀 기울여주기 어렵다.

최근에 누가 나에게 물었다. 늘 받던 질문과 다르지 않았다.

"승희 님은 어떤 마케터가 되고 싶으세요?"

그러니까 저는요, 사람들의 다양한 감정을 느끼고 절절히 공감할 수 있는 마케터가 되고 싶어요. 누구나 훌륭하다고 손가

락을 치켜세운다거나 누가 봐도 흠 잡을 데 없이 좋은 것 말고, 쓸모없어 보이는 것들도 쓸데없다고 느끼지 않을 디테일을 발견할 수 있는 사람이요.

누가 봐도 좋은 것을 보여주기보다, 미처 생각지 못했던 디테일을 찾아내는 마케터가 되고 싶다. 결국 그런 사람이 '쓸고퀼'을 만들어내는 거겠지.

대중적으로
마니악하게

|

"대중적으로 할지 마니아들을 노릴지 생각해봐."
"당연히 대중적으로 가야 하는 것 아닌가요?"
"아니야. 대중적이면 금방 질려. 마니악해야 한다고."

마케팅을 하면서 늘 빠지지 않는 고민이다.

대중에게 어필하는 마케팅을 할 것인가, 매력 있는 소수를 상대로 할 것인가.

물론 답은 나와 있다. 많은 사람에게 팔되, 소수만 아는 힙한 브랜드라는 느낌을 줄 것. 마치 애플처럼. 애플은 세계적으로 가장 많이 팔리는 브랜드이지만 소비자 개개인에게 '나만 쓴다는 느낌'을 선사한다. 분명 애플을 쓰는 사람은 나 말고도 많은데, 애플을 쓰면 남들과는 뭔가 다른 사람이 된 것 같다. 그만큼 썼으면 질릴 법도 한데 애플은 대단하다!

나만 알고 싶은 카페, 나만 알고 싶은 여행지, 나만 알고 싶은 가수….

나만 알고 싶은 건 항상 존재한다. 내게도 청개구리 심보가 있어서 남들 다 가는 곳은 싫고, 남들 다 아는 아티스트는 괜히 별로다. 마치 좋아하는 가수가 어느 날 팡! 떠서 모든 사람이 좋아하게 되었을 때 마음이 식는 것처럼. 반대로 나만 아는 줄 알았던 무언가를 상대방도 알고 있다면 그에게 갑자기 호감이 생기기도 한다.

"1등을 차지한다고 해서 다 얻는 게 아니다. 발표할 때마다 사람들을 설레게 만들고 새 결과물로 조금씩 다가가는 게 중요하다."
– 윤상, '러블리즈' 프로듀서

대중과 마니아, 주류와 비주류 사이에서 늘 고민하던 나에게 꽂힌 말이었다. 그동안 너무 이분법적으로 생각한 건 아니었는지 돌아보게 한 말. 한 번 대중에게 알려졌다고 끝이 아니라, 오히려 인기를 얻었으니 자기만의 스타일을 더욱 단단히 할 수 있을 텐데 말이다. 대중이 원하는 것을 제안하는 것과 대중의 눈치를 보는 것은 전혀 다른 얘기니까.

어쩌면 내가 비주류를 좋아하는 것도 그런 관점이었던 것 같다. 굳이 난 대중과 다르다고 선을 긋기보다 주류를 좇지 않고 묵묵히 자기 길을 걷는 태도. '내 갈 길 가겠어'라고 선언하는 확고함.

혁오가 그랬고,
프라이탁이 그랬고.

헤이즈도 빼놓을 수 없다. 음악 프로그램 1위를 할 만큼 대중적으로 사랑받는 아티스트지만 마이너한 감성을 불어넣기 위해 〈돈 패닉Don't Panic〉과 콜라보레이션 전시를 한다. 음원이 공개될 때마다 대중은 환호하지만 그녀의 행보는 대중성을 띠지 않는다. 자기 음악을 좋아하고 자신의 색깔을 아는 마니아들에게 집중한다.

재미있는 사실은 '자기답게' 하는 사람들에게 대중이 환호한다는 것이다. 수많은 사람에게 제품을 팔면서도 여전히 소수의 멋진 브랜드로 남아 있는 애플처럼. 어쩌면 우리는 대중성을 약간 오해하고 있었던 게 아닐까.

모두에게 나를 인식시킬 수 있는 시대는 끝났다. 그저 나와 핏이 맞는 사람들에게 메시지가 닿으면 되는 것이다.

알고 보면 내가 좋아하는 브랜드들 역시 상당히 대중적이다. 다만 브랜드 철학이나 메시지가 전하는 자기다움이 확고하기에 '소수만 알고 싶은 브랜드'로 생명력 있게 움직이는 것이다. 내가 고민해야 할 지점은 '대중적으로 타기팅할 것인가, 마니아적으로 할 것인가'가 아니었다. 결국 어떤 메시지를 뾰족하게 전달할 것인가의 문제였다.

No Mystery No Life

사람이 어떤 것에 가장 흥미를 느낄 때는 그것에 대해 완전히
알지 못할 때.
미스터리가 없으면 기억할 만한 삶도 없다.
그러니 바라건대, 반전 가득한 인생이기를.
누군가에게는 늘 낯선 사람이기를.

때로는 상상 속에 남아 있는 게 좋을 수도 있다.
실재하는 것을 눈으로 보는 경험만이 최상은 아닐 테니.
내가 가보지 않은 미지의 공간을 남겨두고 싶다.
그곳을 상상하며 가보지 않은 세계를 동경하고 싶다.

레퍼런스

문득 내 삶에 레퍼런스가 많지 않다고 느낀 적이 있다.
그래서 다른 사람의 영감에 주목하는 건 아닐까.
남의 삶을 내 레퍼런스로 삼기 위해.

본질병, 취향병, 맥락병

|

누군가의 장점은 종종 단점이 된다. 솔직하면 경솔해지기 쉽고 신중하면 답답해질 수 있는 것처럼. 일할 때도 그렇다. 마케팅에서 가장 중요하다고 강조하던 것이 어떨 때는 나를 가두는 고정관념이 된다.

나에게도 일하면서 걸렸던 세 가지 병이 있다.

마케터라면 누구나 공감할 본질병, 취향병, 맥락병.

1. 본질병 : '본질을 생각해야죠', '본질이 뭔지 고민해봤어요?'

본질만 찾으면, 본질만 알고 있으면 모든 문제가 해결된다고 믿는다.

2. 취향병 : '취향이 중요해요', '소비자들의 취향 따라~'

모든 소비자는 성별이나 기타 데이터가 아닌 '취향'으로 분류된다는 절대적인 믿음.

3. 맥락병 : '콘텐츠content 보다 콘텍스트context 가 중요한 시대니까요. 중요한 건 맥락! 맥락입니다.'

맥락을 모르면 다 잘해도 소용없다는 불변의 진리.

장난스럽게 쓰긴 했지만 이 세 가지는 당연히 중요하다.

본질은 '왜'를 계속 물으며 답을 찾아가다 보면 마주하는 본래의 성질이다. 본질을 찾기 위해 계속 '왜'를 생각하는 습관을 길러야 한다. 마케팅의 본질, 브랜드의 본질… 어떤 현상에 문제제기를 하고 해답을 찾으려면 본질을 파고들어야 한다.

취향은 사람들이 무엇을 좋아하는지 파악하는 중요한 단서다.

마지막으로 어떻게 팔아야 하는가는 '맥락'을 얼마나 잘 잡느냐의 문제라 생각한다.

늘 이 세 가지를 (지나치게) 강조해온 나이지만, 그중에서도 가장 중증으로 앓았던 병은 '맥락병'이다.

새로 입사하는 후배들에게 피드백을 줄 때마다 빼놓지 않는 말이 있다.

"이 글의 맥락이 뭐라고 생각해요?"

"맥락상 이 문장은 아니잖아요."

카드뉴스를 만들 때도, 영상 스토리보드를 짤 때도, 메일을 쓸 때도, 행사기획을 할 때도 맥락 파악이 가장 중요한 포인트였다. 마케터라면 누구나 이런저런 맥락병 증상을 보이지만, 나는 확실히 중증이었다.

이런 나 때문에 가장 고생했던 건 우리 팀 막내 마케터였다. 하루는 그 친구가 기획서를 써왔는데, 첫 페이지에 이 프레젠테이션을 왜 이렇게 하는지 좀 더(아주 조금 더) 설명해줬으면 하는 마음에 "맥락이 없어~ 기승전결이 없잖아. 이야기하는 것처럼 만들어봐. 맥락상 앞쪽에 이야기를 더 해주면 어때?"라고 했더니 나더러 "맥락병 초기 증세인 것 같다"며 무척 괴로워했다. (지금 생각해도 미안하긴 하다.)

그러던 어느 날, 다 같이 유튜브 마케팅 강연을 들으러 갔다. 막내 마케터가 '맥락 파악'에 대한 고난도 트레이닝을 받은 후였다. 그런데 연사로 나온 구글코리아 김태원 상무가 이렇게 말하는 것 아닌가.

"마케터 여러분, 맥락으로부터 자유로워지세요! 맥락 없이 하는 것이 더 진실될 수 있어요. 이제 사람들은 기승전결이 없어도 재미있으면 다 봐요."

맥락으로부터 자유로워지라니⋯ 오마이갓.

지금까지 맥락을 잡아야 한다고 강조했던 나에게 반전 같은 메시지였다. 이제는 사람들이 맥락과 상관없이 콘텐츠를 소비한다고 했다. 특히 영상 콘텐츠는 데이터를 열어봐도 사람들이 어느 포인트에서 좋아하고 무엇 때문에 이 영상을 보게 됐는지 전혀 알 수 없다는 사실이 흥미로웠다. 내가 좋아하는 지점, 친구가 좋아하는 지점이 모두 다를 수 있다는 것이다.

사람들이 말도 안 되는 영상을 중간부터 보면서 환호하는 것도 그래서였을까? 모두가 느끼는 '재미'란 일정한 맥락에 맞아떨어져야 한다고 생각했는데, 모든 일이 그렇지는 않은가 보다.

(하지만 맥락이 없어도 된다는 건 유튜브나 영상의 맥락은 아닐까? 아, 아직도 나의 맥락병은 고쳐지지 않았다. 확실해.)

내가 좋아하는 것을 찾는 방법

|

"회사와 너를 좀 분리해봐. 너도 일 말고 좋아하는 것을 만들어봐. 그러다 퇴사하면 뭘 할 건데?"

직장인의 영원한 화두인 '퇴사' 이야기가 나올 때마다 '뭘 할 거냐'는 질문이 세트처럼 나를 따라다녔다. 등 떠밀려 퇴사하든 자진해서 관두든 고민은 같다. 퇴사하면 난 뭘 하게 될까. 그런 생각을 하면 까마득했다.

넷플릭스 오리지널 〈데이비드 레터맨 쇼〉를 보는데, 2년 전의 데이비드 레터맨이 오바마 대통령에게 물었다. 퇴임 후 뭘 할 거냐고.

"우리가 같이 도미노를 할 수도 있고, 스타벅스에 갈 수도 있 겠죠."

한 나라의 대통령도 퇴임이라는 날을 피할 수 없는 것처럼, 어떤 일에는 항상 끝이 있다.

회사를 그만두면 나는 뭘 하게 될까?

많은 스타트업 창업가들이 하는 말, 혹은 취업하려고 회사를 고를 때 주변 사람들이 해주는 말이 있다.

"네가 좋아하는 일을 해."

내가 좋아하는 일은 마케팅이다. 공연 가는 것, 새로운 곳에 서 음식을 먹는 것, 전시를 보는 것, 이렇게 다양한 경험을 하 는 것도 다 마케팅을 잘하고 싶어서다. 이것이 현재 내가 가장 좋아하는 일이다. 좋아하는 일을 애정하는 브랜드에서 하는 나 는 덕업일치의 삶을 살고 있다고 생각한다. 그럼에도 회사를 창 업하지 않는 한 내 일에 대한 고민과 회의는 계속 생길 것 같다. 사장도 아닌데 회사 일을 좋아한다니, 직장인에게는 뭔가 어울 리지 않는 느낌이랄까. 마케팅 말고 '다른 좋아하는 일'을 찾아 야 할 것만 같은 무언의 압박을 느낀다. 회사 업무와는 다르게, 내가 좋아하는 게 존재한다면 무엇일까?

이걸 알아내는 게 생각만큼 쉽지 않다. 갑자기 조용한 곳에 가서 나의 내면에 물어본다고 해서 대답해주지 않는다. 그게 쉬운 일이었다면 세상 모든 사람들이 자기가 좋아하는 일을 찾아 열심히 하고 있을 것이다. 하지만 현실은 여간 스트레스가 아니다.

이런 고민을 나 말고도 많은 사람들이 하는 모양이다. 언젠가 팟캐스트로 〈매거진 B cast〉를 듣는데 누군가 조수용 대표에게 물었다.

"크리에이티브 감각은 선천적인가요?"

"어려운 질문이에요. 하지만 '무언가를 좋아하는 것'은 선천적인 거라 생각합니다. 주변의 환경이 중요한데, 부모나 형제 덕분에 어릴 때부터 어떤 것을 유심히 보는 능력이 발달할 수 있어요. 그래서 어렸을 때부터 관심사에 예민한 사람, 자신이 좋아하는 것을 발견하기가 쉬운 사람은 분명 있습니다.

하지만 후천적인 노력으로도 충분히 가능해요.

'좋아하는 걸 어떻게 찾아요?'

다시 이 질문으로 돌아가면, 좋아하면 똑같이 따라 하고 싶어진다고 생각해요. 모방하다 보면 그 안에 조금이라도 내 것이 될 만한 게 생겨요. 똑같이 따라 한다고 해도 제삼자가 볼 때 그 사람만의 것이 발견되거든요.

'오늘부터 ○○○를 되게 좋아해야지'가 아니에요. 좋아하면 똑같이 따라 하려는 '애정'이 반드시 생기기 마련입니다."

모방. 좋아하면 똑같이 따라 하고자 하는 욕심. 그 안에서 찾는 나만의 것.

'좋아하는 것', '나만의 것'을 찾을 때 공통적으로 나오는 키워드 중에는 '모방'이 있다.

나만의 것을 찾고 싶을 때, 미친 듯이 좋아하는 것을 발견하고 싶다면 좋아 보이는 대상, 멋져 보이는 대상을 똑같이 따라 해보라는 것이다.

표절을 하라는 이야기가 아니다. '이 작가가 왜 이렇게 했을까? 이 감독은 왜 이렇게 했을까?' 계속 나에게 묻고 탐구하며 나만의 것을 찾아가는 것이다. 그렇게 하다 보면 모방으로 시작한 행동이 어느새 나만의 것으로 발전하게 될 거라는 얘기다.

1) 잘하는 것을 모방하기
2) 그 안에서 나만의 것 발견하기

3) 관찰 그리고 생각 더하기, 나만의 관점으로 만들기
4) 나만의 언어, 색깔 입히기
5) 그리고 거침없이 표현하기

내가 좋아하는 일을 찾는 것은 쉬운 과정이 아닐지 모른다. 나만의 것, 나만의 언어와 나만의 색깔을 찾는 것은 더 어렵겠지. 하지만 치열하게 고민한 만큼의 결과물을 내 언어로 바꿀 수는 있을 것이다. 설령 좋아하는 것을 명확히 찾지 못했다 해도, 찾고 모방하는 과정에서 서투르게나마 나만의 언어로 바꿔 냈다면 이미 절반의 성공 아닐까.

오늘도 우리는 좋아하는 것을 찾으며 살아간다. 지금 내가 좋아하는 일은 마케팅이지만 또 다른 좋아하는 것이 나타날 수 있다. 일이 아니어도 나의 삶을 위해 계속 찾아야 한다.

여전히 난 미래에 무엇을 할지 모른다. 돌연 세계여행을 떠날지도 모르고 일본 가정식 식당을 차릴지도 모르고 어쩌면 보험을 판매하고 있을지도 모른다. 어쩌면 그냥 집 앞 카페에서 여유롭게 커피를 마시고 있을지도. 어떤 것을 하든 내가 좋아하는 것을 찾는 치열한 고민의 결과라면, 좋아해줄 수밖에.

브랜드의 나이

|

브랜드에 나이가 있을까?

"이런 지갑 쓸 나이 아니잖아."

"이런 옷 입을 나이 아니잖아."

이런 이야기를 종종 듣다 보니 브랜드를 따지는 데에도 나이가 있나 생각하게 된다. 일견 이해가 가면서도 속으로는 약간 의아한 마음이 든다.

'10대가 쓰는 물건을 내가 쓰면 안 되는 건가?'

'50대가 자주 쓰는 브랜드를 내가 사면 안 되는 건가?'

브랜드마다 타깃으로 삼는 나이가 있는 건 알겠는데, 소비하는 건 나이와 상관없어도 되지 않나 싶고.

물론 대부분의 브랜드는 타깃으로 삼는 나이가 있다. 그 타깃을 만족시킨 후에 타깃을 넓혀가는 것이 모든 마케터들의 희망 사항일 것이다. 이때 그 타깃을 '나이'가 아닌 '가치관'이라는 기준으로 바라보면 좋겠다. 가령 음식의 맛을 따지는 사람이 있다면 음식을 즐기는 순간을 중요시하는 이들도 있을 것이다. 물건의 효용성이나 가격보다 브랜드의 메시지에 의미를 두는 사람들도 있을 것이다. 가치관에 따라 행동이 달라지는 셈이다. 내 경험을 되짚어보면 우리 브랜드나 서비스와 '가치관'이 잘 맞는 사람들을 늘려갈 때 가장 보람을 느꼈다. 마케터의 일이란 우리 브랜드와 같은 생각을 하는 사람들을 찾아가는 것인지도 모르겠다.

나이 드는 마케터

"나이 들면 우리 이 일 못할 것 같지 않아?"

내 나이 서른둘. 30대가 된 후부터 같이 일하는 동료들과 습관처럼 하는 이야기다. 누구도 마케팅에서 중요하다고 한 적 없지만 우리끼리 알아서 쫓아가는 그것, 트렌드 때문이다. (트렌드 트렌드 트렌드…) 나는 트렌드의 파도 속에 헤엄치다 물 먹기 일쑤였다.

우리도 나이 드는데 10대 혹은 20대 초중반을 타깃으로 언제까지 마케팅할 수 있을까 하는 조바심이 조금씩 업무에 섞여 들었다. 일상에서 자연스럽게 습득했던 것들이 하나둘 학습 모드로 바뀌어갔다. 마치 스마트폰이 익숙지 않고 새로운 기능이 불편해서 잘 사용하지 않는 부모님들처럼.

어쩌면 막연하고 불필요한 두려움일 수도 있겠지만, (나보다 어린 친구에게) 조금씩 아주 조금씩 공감하지 못하는 나를 실감하고 있었다.

"이게 지금 뜬대~"

"요즘 애들 이거 다 한대."

"진짜? 이걸 좋아한다고?"

내가 공감하지 못하는 무언가가 세상의 트렌드를 주도할 때, 내게 익숙하지 않은 것들을 빠르게 습득하는 친구들을 보며 막연하게 두려워졌다. 게다가 최근에는 '90년대생이 온다'고 줄기차게 외치는 사회 분위기에, 80년대생인 나는 점점 트렌드의 주변부로 밀려난다는 느낌도 받는다. 물론 10대로 돌아가면 10대들의 마음을 잘 알 것 같냐, 그건 또 아니지만. (어쩌라는….)

이런 나에게 희망을 준 놀라운 이들이 있다. 바로 1972년생 박진영과 방시혁이다.

90년생이 아니라 '72년생이 온다'고 이름을 바꿔도 어색하지 않을 정도로 10대 중심의 사회에 큰 물결을 만들어내고 있는 40대 후반의 두 대표님. 특히 박진영은 원더걸스부터 트와이스까지 본인의 나이와 상관없이 해마다 멋진 행보를 보여주고 있다. 이들을 보면 나이는 별로 상관없어 보인다. 오히려 새로운 세대에게 새로운 것을 제안하고 그들이 자신을 따라오게끔 한다.

왜 나는 '나이'라는 선입견에 빠져서 허우적댔을까.
나의 편협한 생각이 나를 더 좁은 한계로 몰아넣었던 것 같다.

아마존 회장 제프 베조스는 인터뷰에서 이렇게 말했다.
"앞으로 10년 동안 어떻게 변화할지 많은 이들이 묻는다. 구태의연한 질문이다. 앞으로 10년 동안 바뀌지 않을 것이 무엇인지는 왜 묻지 않는가. 더 중요한 문제인데 말이다. 예측 가능한 정보를 바탕으로 사업전략을 세우는 게 훨씬 쉽다. 사람들은 싼 가격과 빠른 배송, 다양한 상품을 원한다. 10년이 지나도 이 사실은 변하지 않는다. 변하지 않는 전제에 집중해야 헛고생을 하지 않는다. 아무리 시간이 흘러도 변하지 않는 것을 알고 있다면 그곳에 돈과 시간을 할애해야 하지 않겠나."
해마다 새로운 세대는 나타날 것이다. 그때마다 호들갑 떨지 말자. 가난한 생각에 빠지지 말자.

변하는 것은 그 속도만큼 변하게 놔두고 변하지 않는 가치에 집중하자.

시간이 아무리 흘러도 변하지 않는 것을 놓치지 말자. 새로운 것에 주목하더라도 익숙한 것을 선택하게 하자.

'나이'라는 한계에 빠지지 말자는 오늘의 다짐 끝.

자신과 충돌하는 사람

"저는 비즈니스를 기획하는 것 자체가 아트라고 생각해요. 이 자리에 계신 분들 모두 아티스트라고 생각합니다."

'FMS Facebook Marketing Summit 서울 2018'에서 가수 지코가 한 말이다. 지코는 공연하러 온 뮤지션이 아닌 스피커로 무대에 올랐다. 그것도 2000여 명의 광고전문가와 마케터가 청중인 무대에. 처음 지코가 무대에 등장했을 때는 컨퍼런스 중간에 공연을 하려는 건가 싶었지만 시간표에는 분명 'special speaker'라 되어 있었다.

지코는 자기 음악을 알리기 위해 어떤 고민을 하고 있고, 인 스타그램과 페이스북을 어떻게 활용하는지 아주 또렷하게 전달 했다. 무대에서 조리 있게 말하는 모습을 보니 평소 얼마나 많 은 생각을 하고 그것을 정리하는지 짐작이 됐다. 다른 강연에서 는 못 느꼈던 수많은 감정이 스쳐지나갔다.

아이돌과 뮤지션 그리고 아티스트는 비슷해 보이지만 미묘하 게 다르다. 유희열이 아이유를 가리켜 "그녀는 아이돌이 아니라 뮤지션이다"라고 한 말의 의미를 조금은 이해할 수 있는 것처럼. 아티스트이자 크리에이터로서 멋진 모습을 보여주는 지코가 존 경스러웠다. 그날 지코의 강연은 나에게 큰 자극이 되었다.

"난 아티스트가 될 거야."

그다음 날부터 사람들에게 선언하고 다녔다. 모두들 웃었지 만 나는 진지했다. 강연에 이어 〈쇼미더머니777〉까지 내리 보 았다. 그중에서도 〈쇼미더머니〉 3화 그룹 대항전에서 래퍼들이 꾸민 무대는 엄청난 충격이었다. 그들은 자신의 무대가 만들어 지기 전부터 이미 준비된 사람들이었다. 생각해보니 그들은 가 사를 쓰기 위해 매일같이 글을 써야 했고, 글을 쓰기 위해 치열 하게 스스로를 들여다봤을 것이며, 끊임없이 자신에게 질문했을 것이다. 그런 훈련이 래퍼들을 단단하게 만든 것 같았다. 랩이 아닌 기획이나 마케팅을 한다 해도, 무슨 일이든 다 잘해낼 거라는 확신이 들었다.

그렇다면, 나는?
지코의 강연에 방송까지 이어서 보던 중, 위기의식을 느꼈다.
내가 노력하지 않는다는 뜻은 아니다. 나도 하루하루를 맹렬히 고민하며 살아가고 있다. 다만 나의 일, 마케팅이라는 분야를 좁게 본 것은 아닐까 하는 생각이 들었다.
나의 다음을 '어떤 회사' 아니면 '창업'이라는 식으로만 게으르게 상상한 것은 아닐까?
관점을 넓혀 분야의 경계를 없애봐야 하지 않을까?
진짜 '아트'는 무엇일까?

아티스트란 끊임없이 나와 충돌하는 사람이지 않을까. 나와 타협할지 뛰어넘을지 고민하는 모든 사람들. 우리는 모두 아티스트다. 수없이 충돌하는 이중적인 감정을 깊이 들여다보고 끊임없이 질문하는 것이 진짜 나를 찾는 과정이라고 생각한다.
앞으로는 형식이나 고정관념에 얽매이지 않고 스스로에게 질문할 것이다. 어디까지 확장할 수 있는지, 어디까지 도전해볼 수 있는지, 아티스트로 성장할 수 있을지 나의 가능성이 궁금하기 때문이다. 정말 재미있는 인생을 위해서라도 놓치지 말아야 할 질문이다.

"아티스트가 돼라. 아티스트란 기존 질서에 도전하는 용기와 통찰력, 창조성과 결단력을 갖춘 사람이다. 아트는 결과물이 아니라 여정이다. 앞으로 우리가 해야 할 일은 혼신을 바칠 그 여정을 발견하는 것이다."

 – 세스 고딘, 《이카루스 이야기》(한국경제신문사, 박세연 옮김)

많이 듣고 잘 보고
계속 써내려가는 삶

최근 심리상담을 받던 중 선생님께서 해주신 이야기가 있다. 아침형 인간은 자기계발서를 쓰고 저녁형 인간은 소설을 쓴다고. 아침형 인간이 되지 못해 자책하는 나에게 해주신 얘기였다. 저마다 각자의 시간이 있는 거라고. 시간을 어떻게 보내야 하는지에 대해 정답은 없다. 앞으로 나는 어떤 시간으로 내 삶을 채워가야 할까.

많이 만나는 삶

어른들이 늘 하는 말이 있다. 조금이라도 젊을 때 사람 많이 만나보라고. 마케터로 일하고 있지만 사람 만나기를 즐기는가

하면, 그렇지는 않다. 워낙 사람을 많이 만나면서 사람에 대한 피로가 직업병처럼 생겼는지도 모르겠다. 심지어 '사람이 싫다'는 말이 입에서 나올 때도 있다.

그런데 '사람 좋아하지 않는다'고 말하는 순간에도 아이러니하게 나라는 사람은 사람에게서 가장 큰 영감을 얻고 위로를 받는다. 사람에게 상처받지만 사람 덕분에 다시 일어선다. 그래서 마음의 벽을 조금 더 허물어보려고 노력한다. 새로운 세상을 만나고 싶어 하는 여행자의 마음처럼.

즐겁고 건강한 삶

2018년 6월 뉴욕여행을 다녀왔다. 그러고 1년도 안 되어 다시 뉴욕을 찾았다. 스트레스가 최고조에 달했을 때 떠난 걸 보니 뉴욕에 나도 모를 그리움(?) 같은 게 있었나 보다. 내 상태를 아는 주변 사람들은 '힘내라' 또는 '여행 가서 많이 비우고 오라'며 격려해주었다.

여행 내내 어떻게 해야 이 어지러운 마음을 비울 수 있을지 생각했다. 그러다 결국 내가 택한 것은 지극히 나다운 방식이었다. 좋아하는 걸로 넘치게 채워서 복잡한 마음을 밀어내는 것. 이것이 또 다른 의미의 비우는 삶 아닐까. 내 안에 있던 분노나 쓸데없는 걱정을 다 털어놓고 나면 별것 아닌 게 되고, 시간이

지나면 생각도 안 날 거라고 되뇌고 되뇐다. 그래서인지 두 번째 뉴욕에서는 유독 글을 쓰고 싶다는 마음이 강하게 들었다. 한국으로 돌아가서도 더 많이, 자주 쓰게 되기를 바랐다. 많이 보고 잘 듣고 계속 써내려가는 삶이 되기를. 친구와 나눴던 마지막 밤의 대화를 마음속 깊이 새기며 한국으로 돌아왔다. 즐겁고 건강한 삶을 살자.

취향의 오류

서점에서 책을 고를 때, 배달음식을 시킬 때, 아침에 출근하며 음악을 들을 때 우리는 모두 '취향'이라는 것에 의지해 선택한다. 취향을 따르며 하루를 산다. 취향이 비슷한 사람에게 호감을 느낀다. 그래서 누군가를 처음 만날 때 우리는 묻는다.

"혹시… 뭐 좋아하세요?"

마케터는 취향이 명확해야 할 것만 같았다. 취향이 명확하고 개성 있는 동료들을 보면 멋있고 부러웠다. 하지만 나는 취향이라는 것이 있기는 한가 싶을 정도로 '무취향'인 사람이었다.

무엇을 좋아하냐는 질문을 받으면 어떻게 대답할지 고민스러웠고, 자기소개를 해야 할 때마다 '내가 좋아하는 것과 싫어하는 게 뭐지? 나는 어떤 사람이지?'에 대한 물음이 꼬리를 물었다.

그래서 취향을 만들기 위해 무던히 애썼다. 다양한 곳에 가서 새로운 것들을 맛보고 책을 읽으며 감정을 느껴보고, 장르 불문하고 음악을 듣기도 했다. 몇 년에 걸친 노력 끝에 드디어 나에게도 취향이란 게 하나둘 생기기 시작했다. 그에 따라 나만의 관점과 신념 또한 단단해졌다.

"그래, 이게 좋은 것이구나…!!!"

그런데 심각한 부작용이 생겼다. 언제부터인가 나의 취향을 남에게 강요하고 있는 나를 발견했다. 심지어 누군가가 나와 취향이 다르면 실망하기도 했다.

"이게 좋은데 왜 안 해?"
"여기 별로예요? 왜 안 좋아요? 그럴 리가 없는데."

이런 태도는 일을 할 때에도 문제가 되기 시작했다.
"그러니까 소비자 관점에서 봤을 땐 이게 좋은 거라니까요?"
"소비자 관점은 이게 맞아요."

그러던 어느 날, 결국 이런 말을 듣고 말았다.

"소비자 관점이 아니라 그냥 마케터 개인의 취향 아닌가요?"

아닌데… 요! (나도 잘 모르겠다.)

내게는 분명 소비자 관점인데 상대방은 마케터 개인의 취향
이라 여긴 이유는 뭘까?

'취향의 오류' 때문일 것이다.

다양한 것들을 경험하면서 '좋은 것'들이 생기게 되었고 좋
은 것에 대한 기준도 올라갔다. 그중 어떤 것들은 취향이 되었
고 나의 신념이 되었다. 그러면서 착각에 빠졌다. 내가 좋아하
는 것은 소비자들도 좋아할 거라는 착각. 이 같은 '취향의 오류'
에 빠져버리면 아무것도 들리지 않고 보이지 않는다. 내가 아이
폰이 좋다고 아이폰 유저만 생각해서 마케팅하면 수많은 안드
로이드 사용자들을 놓치기 쉬운 것처럼.

우리가 좋아하는 게 뭔지, 그게 왜 좋은지 아는 것은 중요
하다. 하지만 마케터의 일은 여기에서 멈추면 안 된다. 우리 타
깃에 맞는 취향을 상상하고 저격하며 그들의 취향을 만들어주
는 것, 디테일을 놓치지 않고 그들의 취향을 뾰족하게 만들어
주는 것, 강요가 아니라 설득으로 그들을 '취향'이라는 울타리
안에서 기쁘게 해주는 것이 마케터가 반드시 해야 할 일이라

생각한다.

개인의 취향에 빠져 세상을 바라보는 창문을 닫지 않기를.

객관식 삶, 주관식 삶

자기소개만큼 공식이 있으면서 없는 것도 드문 것 같다. 보통은 소속된 곳을 밝히거나 자신이 하는 일을 이야기한다.

'배달의민족 마케터 이승희입니다.'

이렇게 6년을 보냈다. 나를 수식해주는 멋진 회사였기에 자기소개를 할 때마다 뿌듯했고 나를 소개하는 데 어려움이 없었다. 하지만 언젠가부터 이 소개가 나를 점점 힘들게 했다. (누구나 그렇겠지만) 회사에 좋지 않은 일이 있을 때마다 나는 유독 심하게 아팠고, 회사에 기쁜 일이 생기면 한없이 기뻤다. 지금 생각해보면 나는 '회사 인간'이었던 것 같다. 회사가 제시하는 비전이 곧 내 인생의 비전이었고, 기꺼이 회사의 일부가 되어 일했다. 누구도 시키지 않았는데 회사를 사랑해서 스스로 한 행동이었다. 아이러니하게 6년 만에 퇴사를 마음먹은 것도 회사를 너무 사랑해서였다.

"일적인 모든 면에서 나는 행복했다. 하지만 언제나 모든 것이 좋을 때 방향을 바꿔야만 한다."
– 크리스토퍼 니먼, 《오늘이 마감입니다만》(윌북, 신현림 옮김)

나 역시 방향을 바꾸고 싶었다. 안전하고 행복한 삶을 떠나 주체적으로 인생을 살아보고 싶다는 마음이 일었다. 요즘 같은 불황에 배부른 소리라고 할지 모르지만 이 안전한 울타리의 바깥이 궁금했다. 그래서 퇴사했다.

그러니까 나에게 퇴사는 '객관식'을 '주관식'으로 바꾸는 선택 같은 거였다.

회사에서 마케팅 이벤트로 '시험' 보는 행사를 주최할 때였다. 재미로 보는 시험이었는데 사람들은 의외로 진지한 질문들을 해왔다. 시험은 시험이니 신경 쓰이는 모양이었다.

"시험은 객관식인가요?"

"네, 객관식만 있어요. 모르면 찍으면 돼요."

질문한 사람의 표정이 밝아졌다.

'하긴, 당사자에게는 주관식보다 객관식이 덜 부담스럽지.'

객관식은 정해진 선택지 안에서 고르면 된다. 보기 안에 정답이 반드시 존재한다. 문제 푸는 사람도 보기 안에 정답이 있다고 믿는다. 정답을 모르면 어디선가 본 것 같은 답을 고르면 된다. 무책임해 보일 수 있지만 객관식에서는 안전한 선택이다. 안전을 무조건 마다하는 사람은 없다.

나 역시 내가 풀어갈 인생이 객관식이길 바라는 사람이었다. 내가 고민하는 것들이 보기에 나열되어 있고, 그 안에서 답을 찾고 OMR카드에 옮긴 뒤 엎드려 쉴 수 있는 삶이길 바랐다. 가끔씩 수정 테이프로 답을 고치는 정도면 괜찮을 것 같았다.

하지만 나의 인생은 늘 주관식이었다. 단 한 번 보기가 있긴 했는데, 고3 때 수능이 끝난 뒤 아빠가 치기공과가 돈을 잘 번다며 슬며시 모범답안(?)을 내놓았을 때다. 그걸 덥석 물었다가 학교 다니는 내내 후회했지만. 아무튼 나의 인생은 늘 주관식처럼 정해진 답은 없었고 혼자 고민하고 선택해야 했기에 항상 오래 걸렸으며, 무엇보다 어려웠다.

앞으로 어떻게 살아야 할지 서술하시오.

빈칸을 보면 아득해진다. 확실히 주관식은 버겁다. 어렵게 답을 써 내려가고, 답을 찾았다고 생각해서 신나게 살다 보면 또 어느 순간 시험 볼 시기가 다가온다. 비워진 답안지 앞에서 난 또 어떤 답을 써야 할지 고민할 게 뻔하다.

그럼에도 '주관식'에 다시 도전해보고 싶어졌다. 좋은 직장, 좋아하는 일, 좋은 사람들. 생각해보면 내 주변에는 좋은 것들이 참 많다. 어렵게 주관식을 풀어온 노력이 나를 비교적 행복하고 안전한 삶으로 이끌어준 것이라 믿는다. 하지만 지금 내 앞에 또 질문지가 놓였다는 것은 지난번에 쓴 답의 유효기간이 끝났다는 뜻이겠지.

물론 이번에도 객관식이 아니라 주관식이다. 이제는 가능하다면 회사 이름이 아닌 내가 하는 일이 나를 수식할 수 있도록 답을 쓰고 싶다. '○○의 이승희'가 아니라 '이승희의 ○○'이 될 수 있도록, 내가 좀 더 선명해질 수 있도록.

다행히 몇 번의 시험에서 확실히 깨달은 것이 있다.

안전한 곳에는 재미가 없다는 것.

가급적 써보지 않은 답을 쓰고 싶은 이유다.

2

기록의 수집

본격적으로 기록에 재미를 붙이면서 좀 더
적극적으로 기록할 '꺼리'를 찾기 시작했다.
평소 사소한 것에도 쉽게 감동하고 호들갑
떠는 성향인지라 좋은 것을 보면 나누고 싶
었고, 재미있는 것을 보면 알리고 싶었고,
울림 있는 것을 보면 간직하고 싶었다. 내가
직접 보고 듣고 느낀 일상의 경험들은 이렇
게 영감이 되고, 기록으로 남았다.

내가 영감을 모으는 방식

|

어떻게, 어디서 영감을 받느냐는 질문을 받으면 (식상하지만) 24시간 어디서든 받는다고 말한다. 하지만 영감은 사람마다 다를 테니 내게 좋았던 영감도 누군가에겐 시시할 수 있다. 그래서 영감을 동력으로 만드는 데에는 저마다의 방식이 필요하다.

내가 영감을 모으는 법은 이렇다.

1. 스마트폰 메모 앱, 녹음 앱

대화하다가 상대의 말을 놓치고 싶지 않거나 불현듯 생각이 떠오르면 스마트폰 메모 앱에 적어둔다. 상대방에게 잠시만 폰에 적으면서 듣겠다고 양해를 구하고, 그러기 어려운 자리라면 들은 내용을 까먹지 않기 위해 잘 기억해두었다가 화장실에 가서 적고 온다. 대화를 통째로 기록하고 싶을 땐 동의를 구하고 녹음을 한다.

2. 인스타그램 '영감노트'

매일 작은 노트를 들고 다니며 내가 받은 영감을 갈무리한다. 혼자 있을 때에는 바로 적어두고 약속이 있을 때에는 이동시간에 정리한다. 그러느라 지하철이나 버스, 택시 안에서 노트를 펼칠 때가 많다. 그렇게 적어둔 영감은 다시 인스타그램(@ins.note)에 업로드한다. 별다른 코멘트 없이 그 영감만 업로드할 때도 있지만 요즘은 가급적 나의 생각을 담아서 올리려고 노력한다. 그래야 내 콘텐츠가 된다고 생각하기 때문이다. 이 계정은 즉시 올리는 게 특징이기 때문에 피드가 아름답지는 않다. 계정을 팔로우하는 입장에서는 '왜 이렇게 막 올라와?'라고 여길지도 모르겠다.

3. 유튜브 재생목록과 인스타그램 저장 기능

유튜브는 이제 단순한 미디어를 넘어 전 세계에서 수백 수천만 (수억?) 명이 이야기하는 다양성의 플랫폼이 되었다. 스마트 기기만 있으면 멀리 나가지 않아도 어떤 분야의 주제든 사람들의 이야기를 보고 들을 수 있다. 사람들의 이야기에서 많은 영 감을 받는 내게 유튜브는 영감의 보물창고 같다. 수많은 영상 중 좋은 내용이 눈에 띄면 바로 저장한다. 나중에 찾으려면 못 찾을 수도 있으니까. 그런 다음 개인 재생목록을 활용해 '영감 재생목록'으로 만든다. 내가 보는 영상에 따라 매일 바뀌는 유 튜브 알고리즘 덕분에 재생목록은 하루하루 늘어난다.

인스타그램의 저장 기능도 적극 활용한다. 누군가의 글이나 사진, 브랜드의 이야기, 기획된 콘텐츠 등 눈에 걸리는 것들은 모두 저장한다.

4. 매일 밤 정리하는 시간

인스타그램 업로드와 별개로 매일 자기 전 책상에 앉아서 하 루 동안 받은 영감과 대화를 다시 정리한다. 일기 쓰듯 하는 나 만의 루틴이다. 따로 남겨두고 싶은 영감은 장문을 위한 소재가 된다. 그런 글들은 '목요일의 글쓰기' 때 다시 꺼내거나 개인 블 로그에 쓰거나, 또는 연간 다이어리에 적어둔다. 하루 동안 나 에게 온 영감을 이렇게 (내 안에서) 체화하는 시간은 반드시 필 요하다. 그래야 내 것이 된다.

24시간 영감 수집

영감계정을 운영하면서 가장 많이 받은 질문 하나.

"도대체 이런 걸 어떻게 찾으세요?"

누군가가 말하길, 영감은 하늘에서 쏟아지고 있는데 다만 눈에 보이지 않을 뿐이라고 했다. 그러면 어떻게 찾아야 할까.

건국대학교 한창호 교수가 말한 '머리 한 날' 이론이 생각난다. 머리를 하겠다고 마음먹으면 그 순간부터 사람들의 헤어스타일만 눈에 들어온다는 것이다. 눈에 필터가 씌워진 것처럼 평소에는 아무 의미 없던 것도 내 관심사에 따라 전혀 다른 존재감으로 다가온다.

불완전한 영감을 의미 있는 영감으로 만들려면 내가 지금 어떤 것에 관심을 두고 있느냐가 중요하다. 글 쓰는 작가라면 글의 소재를 찾는 것일 테고, 마케팅하는 사람이라면 맡고 있는 브랜드에 몰두해 있을 테니 그와 관련된 영감이 찾아올 것이다. 뭔지 몰라도 평소와 다른 느낌이 들 때면 무조건 그 느낌을 어딘가에 잡아둬야 한다. (나는 '잡아둔다'고 표현한다.) **가만히 있는 사람에게 친절하게 내려오는 영감은 없다.**

책, 강연, 사람과의 대화, 인스타그램, 유튜브까지, 나에게 이 많은 것을 언제 다 보냐는 사람도 있었다. 나도 다 보지는 못한다. 그냥 그때그때 잘 적어두는 것일 뿐.

그래도 짜도 짜도 영감이 솟는 촉촉한 수건 같은 사람이 되고 싶은 마음에 일단 뭐든 많이 보려고 노력한다. 많이 경험하고 읽고 놀러 다닌다. 아침에 눈떴을 때나 잠들기 전에는 유튜브와 인스타그램을 보고, 이동시간에는 책을 읽는다. 메일 구독 서비스도 양껏 신청한다. 넷플릭스 콘텐츠나 영화는 마음과 시간이 여유로울 때 보는 편이다. 이렇게 매일 봐도 영감이랄 것이 몇 개나 나에게 남으려나. 그렇더라도 어쨌든,

'Everywhere, Everything.'

영감 받기 훈련

다양한 영감을 얻으려면 두 가지가 필요하다. 열린 마음과 스스로 질문하는 습관. 전자가 오는 영감을 놓치지 않는 태도라면 후자는 능동적으로 영감을 찾는 데 필요한 자질이다. 의심하고 질문하고 탐구하는 일이 일상이 되어야 한다.

이를 위해 나는 인스타그램의 Q&A 기능을 적극 활용한다. '질문해주세요!'라고 올리면 몇 명이라도 질문을 던져준다. 계속 나에게 '화두'를 던지는 것이 중요한데, 예기치 못하게 날아오는 질문만큼 좋은 영감은 없다.

영감 분류법

영감은 모으는 것도 중요하지만 나누는 것도 중요하다. 나의 분류법은 아주 간단하다. 같은 형태로, 지속적으로!

일례로 노트는 같은 종류를 구비해서 날짜별 인덱스를 해놓는다. 노트를 보관할 수 있는 보관함이 있다면 더 좋다. 메모 앱과 음성녹음으로 기록한 것은 따로 분류하지 않고 그냥 쭉 더해간다.

하지만 이렇게 해놓고도 다시 들춰보지 않는 경우도 있다. 심지어 나중에 써먹으려고 검색했다가 찾지 못하면 잊어버리기도 한다. 기껏 수집했는데 죄다 보지 못했다고 스트레스 받을 필요까지는 없다. 어차피 우리 뇌는 모든 것을 기억할 수 없으니까.

시간이 지나면 빛이 바래는 영감도 있다. '대체 그때 이걸 왜 좋아했지?'라는 생각이 들 만큼 하찮은 것들도 있다. 그러니 적어둔 것을 꼭 다시 봐야 하고 반드시 써먹어야 한다는 중압감은 내려놨으면 좋겠다. 영감을 수집하고 분류하는 것만으로도 내 안에서는 생각이 만들어지고 확장되기 시작하니까.

물론 앞에서도 말했듯 놓치고 싶지 않은 영감은 무언가로 만들어놓으면 좋다. 긴 글을 써보거나 업무에 활용하거나. 정말 좋았던 영감은 다양하게 활용돼 또 다른 형태의 기록물이 된다.

영감탐험단

영감은 기발한 착상이나 자극을 뜻하는 말이다. 반드시 그런 건 아니지만 우리는 대개 한순간 떠오르는 통찰, 트렌디하고 반짝이는 생각을 영감이라 부른다.

기록을 시작하고 우연 반 필요 반으로 '영감노트' 계정을 만든 후, 나는 마치 영감수집가라도 된 것마냥 눈을 크게 뜨고 영감을 찾아다녔다. 그러다 '영감탐험단'을 알게 되었다.

영감탐험단은 2019년 봄, 〈아레나 옴므 플러스〉 박지호 전前 편집장의 주최로 시작되었다. 한 달에 두 번 서울을 중심으로 커피나 브랜드, 인물 등을 통해 문화와 라이프스타일을 함께 체험하고 공유하자는 취지의 모임이다.

영감탐험단에 함께할 멤버 6명을 뽑는다는 포스팅을 보고 선뜻 지원하긴 했지만, 망설여지는 마음이 아예 없지는 않았다. '영감'이 일상적으로 쓰이는 말이 아니어서 입 밖에 내기도 약간 민망했는데 심지어 탐험한다니! 부끄러울 정도까지는 아니었지만 약간 주저한 것도 사실이다. 친구들은 영감 수집으로 모자라 이제 탐험까지 하느냐며 놀리기도 했다.

그런데 막상 멤버들을 만나고서 그런 마음이 싹 사라졌다. 디자이너, 포토그래퍼, 마케터, 기획자 등 다양한 분야에서 모였는데 하나같이 배움의 욕구가 크고 다들 사소한 영감에도 열광하는 이들이었다. 긍정적인 에너지가 넘치는 사람들이 모였기에 합이 잘 맞았다.

영감은 짧게 스쳐가지만 메시지는 깊게 남는다. 하나의 영감을 보아도 토론하고 들여다보고 적용하는 데에는 엄청난 에너지가 든다. 영감탐험단을 하면서 가장 좋았던 것은 사람들의 '새로운 관점'을 습득할 수 있다는 점이었다. 혼자 봤더라면 단순히 '좋아요'로 끝날 뻔했는데, 멤버들의 시각을 통해 다르게 보는 법을 배웠다. 처음에는 분명 소소하게 시작했는데, 생각을 주고받는 과정에서 영감을 보는 나만의 기준이 만들어지기도 했다. 영감은 역시 사람에게서 나오는 거였다.

'의도'를 가지고 들여다보면 우리가 살고 있는 곳도 다르게 보인다. 영감탐험단에서 그동안 몰랐던 서울의 재미를 찾고 기록하는 일이 그랬다. 그렇게 재해석된 서울은 내가 알던 서울과 전혀 달랐다. 서울만큼 동네마다 특징이 잘 살아 있는 도시가 있을까? 가는 곳마다 생각의 채도가 달라지는 서울은 굳이 이유를 대지 않아도 그 자체로 영감의 도시였다.

우리는 서울의 공간이나 동네를 돌아보며 각자의 감상과 생각을 나누고, '우리가 이 도시에서 무엇을 해볼까요?'라는 주제로 발표를 하기도 했다. 영감은 불완전한 것이지만 완전한 것이기도 하다. 내 안의 어떤 생각과 만나느냐에 따라 영감의 최종 모습이 달라진다. 우리는 이런 대화로 서로의 영감탐험을 북돋았다.

"영감을 발견하려면 집요하게 파고들어야 한다. 무엇이 좋았는지 스스로와 대화를 나눠야 하며, 내 활동범위보다 더 넓게 더 많은 경험을 해야 한다. 영감을 얻으려면 시간을 내야 한다."

영감탐험단 활동을 하며 개인적으로 가장 공감했던 메시지는 '지속가능성'이었다. 트렌디해 보이는 것들보다 내 마음에 계속 남는 것들에 주목해야 한다는 것. 더불어 이 시대를 산다는 것이 매우 흥미로운 일임을 잊지 말 것. 영감탐험단이라는 이름 때문에 응모하지 않았더라면, 인생에서 또 하나의 소중한 영감을 놓칠 뻔했다.

기록을 수집하는 이유

|

"사람들에게 '영감의 원천'을 만들어주기 위해 제가 수집한
것들을 보여줘요. 제 수집의 이유는 사람들과 경험을 나누기
위해서죠."

　– 다큐멘터리 〈이타미 준의 바다〉

　자신에게 좋았던 것들을 수집하고 공유하며 경험을 나누곤
했던 건축가 이타미 준. 마케터도 마찬가지 아닐까. 사람의 마
음을 움직이는 일 중에는 마케터 개인의 경험에서 출발한 것들
이 적지 않다. 마케터 개인의 경험이 중요하다면 그 경험을 잘
공유하는 것도 중요한 일이다. 나에게서 대중으로, 사람들에게

가닿는 일들. 사람들에게 영감의 원천을 만들어주고 마음을 움직이는 일. 내가 매일 하는 일이자 좋아하는 일이다.

나만의 자목련

친구와 여행지에서 수다를 떨던 밤, 느닷없이 대학 시절 추억이 소환되었다. 친구는 국문과여서 '현대시론'이라는 수업을 들었는데, 시험을 잘 보고 싶어서 책을 달달 외웠다고 했다. 그러나 시험 당일, 시의 역사와 이론을 촘촘히 공부한 친구조차 전혀 예상치 못한 문제가 나왔다.

"캠퍼스에서 자목련이 가장 일찍 핀 곳이 어디인지 쓰고, 자목련을 보고 어떤 생각을 했는지 쓰시오."

당황한 친구는 결국 아무것도 쓰지 못하고 나왔다. 심지어 친구는 학교에 자목련이 핀 줄도 모르고 있었다.

시험이 끝난 후 현대시론 교수님은 이렇게 말씀하셨다고.

"흐드러지게 핀 하얀 목련 사이에서 도드라지는 자목련 하나 볼 줄 모르는 자가 무슨 시를 배우겠느냐."

친구는 우리를 둘러싼 세상의 모든 것, 모든 순간을 가볍게 넘기지 않고 작은 관심을 기울이는 것이 세상을 대하는 첫 번째 자세임을 그때 배웠다고 했다.

여행이 좋은 이유는 일상에서 한발 비켜나 평소에는 잊기 쉬운 고마움과 소중함을 느낄 수 있다는 것이다. 낯선 곳에서 새로운 것을 느끼기보다는 놓치고 있던 것들을 떠올려보는 기회랄까. 이번 여행에서는 친구의 자목련 이야기가 그랬다. 내가 보지 못했던, 나를 스쳐간 자목련이 그동안 얼마나 많았을까.

살아가는 동안 '자목련'을 볼 줄 아는 사람이 되고 싶다. 쉽지 않을지 몰라도, 그 여정에서 살아갈 힘을 얻을 수 있을 테니.

책에서 만난 질문

"우리는 왜 글을 쓰는가? 합창이 터져 나온다. 그저 살기만 할 수가 없어서."

— 패티 스미스, 《몰입》(마음산책, 김선형 옮김)

나는 왜 글을 쓰는가?

이 질문은 내게 '나는 어떻게 살아야 하는가'로 번역된다.

남의 언어에 휘둘리지 않고 나의 언어로 살아가기 위해 나는 쓴다.

그저 흘러가는 대로 살고 싶지 않아서.

어떤 생각을 갖고 사는가, 어떤 문제의식을 지니고 사는가, 나는 무엇을 위해 존재하는가.

글을 쓰는 과정은 나라는 사람의 답을 찾아가는 과정이다.

책에서 받은 위로

|

"바늘에 찔리면 바늘에 찔린 만큼만 아파하면 된다. '왜 내가 바늘에 찔려야 했나', '바늘과 나는 왜 만났을까', '바늘은 왜 하필 거기 있었을까', '난 아픈데 바늘은 그대로네', 이런 걸 계속해서 생각하다 보면 예술은 할 수 있을지 몰라도 사람은 망가지기 쉽다."

– 도대체, 《일단 오늘은 나한테 잘합시다》(위즈덤하우스)

인생은 크게 보면 다짐과 후회의 연속이다. 혼자 있을 때에는 생각을 깊게 할수록 문제가 해결되기는커녕 외려 좋지 않은 쪽으로 끌려들어가는 경우가 있다. 부정적인 생각으로 떨어진다 싶으면 생각의 파장을 딱 멈추고 볼 일이다. 불필요한 감정에까지 파고들어 나 자신을 망치지 않아야겠다. '왜 내게만 이런 일이 일어나지' 하는 생각은 말아야겠다. 바늘에 찔린 만큼만 아파하자.

페이스북에서 만난 영감 1

|

"언제나 시작보다 끝맺음이 중요하다는 사실을 잊지 않아야
한다.

올해의 시작보다 끝이 나아졌는지.

입학보다 졸업이 빛났는지

입사보다 퇴사가 더 의미 있을지

태어났을 때보다 죽을 때 더 행복할지."

- 엄태욱 님 페이스북

우연히 페이스북에서 친구가 공유해줘서 보게 된 글이다. 연말이면 한 해를 정리하느라 분주하다. '올해 이런 것들을 해냈구나, 이런 것을 배웠구나, 이런 것을 겪었구나' 하며. 한 해를 마무리할 때 내가 가장 중요하게 여기는 것은 '못 이룬 것보다 이룬 것을 더 많이 칭찬해주기'다. 조금이라도 해낸 것이 있다면 아낌없이 스스로를 칭찬하는 것. 그게 연말 정리의 묘미 아닐까.

페이스북에서 만난 영감 2

"스물아홉 살에서 서른 살로 넘어갈 때, 글로 묘사하기 어려운 쓸쓸함을 느꼈던 것 같다. 19세에서 스물이 될 때는 기뻐서 방방 뛰었고, 39세에서 마흔이 될 때는 그냥 무심히 넘어갔던 것 같은데. 지나서 생각해보니 20대는 20대대로, 30대는 30대대로 좋았다. 40대도 40대대로 좋다. 운 좋게도 서기 2000년 근방에 도시에서 어렵지는 않은 생활환경을 타고 태어나, 몸이 나이 먹는 것에 주눅들지 않고, 한 해 한 해 경험과 지혜를 더해가는 것에 기뻐하며 살고 있다. 늙어빠진 것이 아니라 성장해 나간다는 느낌으로 살 수 있어서 정말 다행이다."

– 장인성 님 페이스북

언제부터였을까, 나이에 민감하게 반응하기 시작한 때가. 서른 살이 되었던 해? 아니다. 서른한 살, 서른두 살부터였던 것 같다. 그러니까, 30대임을 부정할 수 없게 된 때부터. 나는 안 그럴 줄 알았는데 이상하게 내 나이에 움츠러들게 되고 나보다 어린 사람의 나이에 관심(?)을 갖게 되었다.

"몇 살이에요? 와, 창창한 나이네~"

이런 나를 보고 친구가 '늙어빠진' 소리 하지 말라고 나무랐다.

"왜 이렇게 나이 얘기를 많이 해? 그렇게 나이에 신경 쓰다가 정말 늙어빠진 사람이 되는 거라고!"

나름대로 잘 살고 있다고 생각했는데 나이 들수록 초조해지는 이유를 모르겠다. 시간이 쌓인 것들을 존중하기보다는 새로운 것에 열광하는 사회여서 더 그런 걸까. (이것도 남 탓이다.)

늙어빠진 것이 아니라 성장해간다는 느낌으로 살고 싶다. 나이를 경험과 지혜가 더해지는 기쁨으로 여기며 즐길 줄 아는 사람으로 살고 싶다.

영화에서 얻은 영감

"다만, 나쁜 일들이 닥치면서도 기쁜 일들이 함께한다는 것."
– 영화 〈벌새〉

하늘도 무심하다 느껴질 만큼 좋지 않은 일만 연달아 일어날 때였다. 울다 지쳐 더 고단했던 하루, 팀장님께 받은 편지 속 문장이 다시 나를 울렸다.

"승희야, 오늘 너무 힘들었지. 최근에 영화 〈벌새〉를 봤는데 이런 말이 나오더라. '다만, 나쁜 일들이 닥치면서도 기쁜 일들이 함께한다는 것.' 늘 기쁜 일들도 함께한다는 것을 잊지 말자."

맞아요, 우리 인생은 늘 그래왔죠.

강연에서 받은 영감

|

"칭찬받지 못하는 삶이었어요. 그러다 보니 점점 다른 사람의 칭찬에 신경을 안 쓰게 되더라고요. 그게 저를 만드는 과정에 도움이 됐습니다. 덕분에 제멋대로 살 수 있었어요. 칭찬을 한 번 받으면 자꾸 칭찬받기 위한 행동을 하게 돼요. 그러면 내가 만들어내는 것이 아니라 다른 사람이 만들어내는 기준으로 저를 만들게 돼요. 굉장히 허무하죠. 여러분, 칭찬에 길들여지지 않아야 합니다. 대신 여러분이 다른 사람을 칭찬하세요. 여러분의 기준으로 다른 사람을 바라보세요. 그렇게 본인만의 생각으로 살아보세요. 그 '생각의 근육'은 책을 통해 기를 수 있습니다."
  – 김봉진 대표님의《책 잘 읽는 방법》강연 중

반전이 있는 말이었다. 나를 포함해 칭찬에서 자유로운 사람은 없을 테니까.

대신 이 강연을 듣고 '칭찬의 기준'을 갖게 됐다. 나를 칭찬해주는 존재보다 칭찬이라는 행위 자체에 의미를 둘 것, 늘 스스로 칭찬하는 삶을 살 것.

뮤지션의 에필로그

|

"0. 에필로그 : 사막

악기 녹음이 마무리되어갈 때쯤, 내 보컬만은 어딘가로 훌쩍 떠나서 혼자 녹음해 와야겠다는 생각이 들었다. 전곡의 공통된 키워드가 '혼자'인 만큼, 완전히 혼자인 상황에서 노래를 녹음하면 곡들에 더 잘 어울리는 정서가 담길 거라고 생각했다. 그로부터 대략 한 달 뒤, 나는 사막 한복판에 서 있었다. 휴대용 녹음기와 마이크가 든 배낭을 메고 미국 조슈아 트리 사막 야외에서 노래를 녹음했다. 결과는? 돌아와서 전부 다 다시 했다. 하하하… 여행을 다녀오니 노래도 늘고 셀프 녹음 실력도 늘어버린 거다…! 게다가 더 좋은 장비도 쓸 수 있고. 돌아오자마자 시험 삼아 한 곡 녹음해봤는데, 역시나… 사막에서 해 온 것과는 비교할 수 없이 좋았다. 전곡을 다시 녹음할 수밖에 없었다. 하지만 후회는 없다. 그 여행 덕분에 결과적으로 더 좋은 소리가 담겼고, 무엇보다 그곳에서 본 은하수와, 맨살로 맞았던 바람과, 그 멋진 기암괴석들은 어떤 식으로든 노래에 녹아 있을 테니.”

— 장기하와 얼굴들, 〈mono〉 '일곡일담' 중

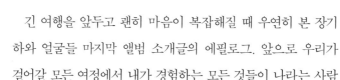

긴 여행을 앞두고 괜히 마음이 복잡해질 때 우연히 본 장기하와 얼굴들 마지막 앨범 소개글의 에필로그. 앞으로 우리가 걸어갈 모든 여정에서 내가 경험하는 모든 것들이 나라는 사람에게 다 녹아들 테니, 조급해하지 말자.

대화에서 얻은 영감

|

"그림을 어릴 적부터 그렸는데 어느 순간 알게 된 사실이 있어요. 그림을 잘 그리는 게 중요한 게 아니라 어떤 이야기를 담느냐가 중요하다는 거죠."

– 이근백, 마더그라운드 대표님

마더그라운드는 늘 우리에게 '이야기'를 하고 있었다. 마더그라운드를 좋아하는 이유도 제품마다 이야기가 담겨 있어서였다. 돌이켜보면 나는 이야기가 담긴 것들을 꾸준히 좋아해왔다. 빈티지 제품을 모으는 이유도 그 속에 얽힌 이야기가 많아서였다. 좋아하는 것의 시작점은 모두 이야기였다.

기술이나 제품력도 중요하지만 가장 중요한 것은 어떤 메시지를 담고 있느냐 아닐까. 이야기는 생명력을 만든다. 메시지가 뚜렷한 브랜드는 가방을 만들든, 신발을 만들든, 노트를 만들든 크게 구애받지 않는다. 제품은 이야기를 전하는 매개체일 뿐이다. 이야기가 탄탄하면 어떤 그릇에든 잘 담길 것이다.

미션에서 얻은 영감

|

"Our mission is to give everyone a voice and show them
the world.

(우리의 미션은 모든 이들에게 목소리를 주고 세상에 그들을 보여
주는 것입니다.)"

– 유튜브

과거부터 현재에 이르기까지, 보이지 않는 곳에서 '혁신'을 추구해온 사람들 덕분에 세상에 새로운 기회가 생겨날 수 있었다. 유튜브 같은 플랫폼이 존재하기에 우리는 더 많은 기회를 얻고, 다양성을 존중하는 사회로 나아갈 수 있게 되었다. 이런 미션을 추구하며 장場을 만드는 이들의 노고가 없었더라면, 이 사회가 이만큼 진보할 수 있었을까.

선배 마케터의 조언

잘하는 것을 감각적으로 해야 한다.
나를 움직인 한순간을,
그 순간을 내가 다시 써먹는다.
"소비훈련"
- 2020년 4월 12일, 선배의 조언

소비할 때 나를 움직이게 했던 그 '순간'을 잘 기억해두자.
마케터라면, 내가 그걸 써먹어야 하니까.

나다움에 대한 힌트

"본인의 기준을 남에게 두면 행복하지 않아요.
사실 인정은 중요하지 않아요.
제가 바라보는 제 모습이 만족스러워야 하는 거죠.
저는 모험을 좋아해요. 안전한 것은 재미가 없어요.
제가 음악을 하는 데 있어 가장 큰 모토는
'사람들이 내 음악을 들었을 때 계속 낯설어했으면 좋겠다'
예요."
— 셀레브(sellev.)의 아티스트 딘 인터뷰 중에서(https://www.
youtube.com/sellev)

"자기 것이 있어야 유행도 안 타."

내가 매력을 느끼는 이들은 모두 자기답게 사는 사람들이었다. 누군가를 따라 하는 사람이나 브랜드는 시간이 지나면 트렌드라는 파도에 휩쓸려갔다. 심지어 '자기다움'이라는 말조차 유행이 되어버린 느낌이다. 나답게 하라는 건 특별하거나 특이하게 하라는 게 아니다. 스스로 기준을 정하고 그걸 잃지 말라는 뜻이다.

행복한 순간이란

"과거는 거짓말이고 미래는 환상일 뿐이래요. 우리의 힘이 닿을 수 있는 건 아무것도 없다는 거예요. 과거도 미래도. 오직 '지금'만이 우리 힘이 닿을 수 있는 시간이래요. 그래서 지금 내가 딱히 불행하지 않으면 지금이 가장 행복한 것 아닐까 싶어요."

   – tvN 〈인생술집〉 강하늘 편을 보다 적어둔 말

"행복은 일회용 같아서 뜯었을 때 바로 써야 해."

행복은 늘 일회용 같았다. 포장을 뜯자마자 돌아오지 않을 것처럼 사라져버리는 나의 행복들. 그래서 뜯었을 때 바로 쓰는 연습을 해야 한다. 충분히 그 행복을 느끼고 누려야 한다. 행복과 즐거움도 운동하듯이 매일 연습해야 한다. 미래의 행복을 위해 지금을 포기하지 않아야 한다. 행복을 느꼈던 어느 날, 나의 행복과 사랑을 나누기 위해 컴패션 1대 1 후원을 시작했다. 내 행복이 넘칠 때 나누는 삶을 살고 싶다.

작은 것을 모으는 마음

|

나는 컵 마니아다. 처음엔 빈티지 컵만 모으다 지금은 머그
컵, 유리컵 등으로 수집 대상이 넓어졌다. 사람들은 SNS나 블
로그에 컵을 찍어 소개하는 내가 신기한지 이런 질문을 자주
해온다.

"언제부터 컵을 좋아하게 됐어요?"
"특별히 컵을 좋아하는 이유가 있나요?"

이 정도까지 컵에 관심 갖게 된 것은 2년 전 익선동에 있는
가맥집에 갔을 때였다. 익선동의 오래된 느낌이 마음에 들어서

일부러 찾아갔는데, 맥주잔으로 나온 컵이 너무 지저분해서 실망스러웠다. 옛날 슈퍼 느낌이 나는 공간, 분위기, 음악, 심지어 화장실까지 모든 게 마음에 들었는데 컵 하나로 공간에 대한 인상이 확 바뀐 것이다. 내 감정 변화가 스스로도 놀라웠다. 그때부터였다, 어딜 가든 컵을 유심히 관찰하기 시작한 것은.

컵에 주인의 취향이 닿아 있어서일까?
눈에 띄지 않는 곳까지 신경 쓰는 느낌을 줘서일까?
컵에 집착(?)하는 이유를 명쾌하게 설명하기는 쉽지 않지만, 아주 작은 요소 하나가 공간의 이미지를 바꿔놓는다는 사실은 분명한 것 같다. 그러자 관심 갖는 만큼 보인다고, 그 후로 어디에서든 감동받은 포인트, 좋았던 포인트는 단연 컵이었다. 컵과 사랑에 빠진 것이다.

사랑에 빠지는 순간은 때로는 이렇게 싱겁다. 어쩌면 마케터가 하는 일도 이런 순간을 만드는 것 아닐까.
동료들과도 이 주제로 이야기한 적이 있다.
"무엇과(혹은 누군가와) 사랑에 빠지는 데는 얼마만큼의 노력이 필요할까?"

의견은 분분했다. 첫눈에 반하는 것처럼 아주 짧은 마주침으로 사랑에 빠질 수도 있고, 반대로 아주 오래 걸릴 수도 있다. 정답은 없다. 다만 분명한 건 소소한 포인트를 그냥 지나치지 않는 눈이 '그 순간'을 만든다는 사실이다. 우리의 사소한 일상이 누군가에게 호기심의 대상이 되고, 평범해 보이는 물건이 누군가에게는 갖고 싶은 무언가가 될 수 있는 것처럼. '시간'은 중요하지 않다.

소소한(?) 깨달음이지만 그동안 컵을 사들인 수고가 헛되지 않은 것 같아 기쁘다! 앞으로도 좀 더 많은 것들과 쉽게 사랑에 빠지는 내가 되기를.

멋진 것들이
나를 말해줄 수 있을까?

내가 사는 곳에 대한 이야기를 하는 건 '자기소개'와 같다. 내가 어떤 일을 하고, 무엇을 좋아하고, 어떻게 살아왔는지가 드러나기에.

일상을 기록하면서부터 나의 집은 단순히 먹고 자는 곳이 아니라 내 이야기를 채워가는 곳이라는 생각을 했다. 멋있는 집에 살 수는 없어도 '특별한 집'에 살고 싶었다. 나의 공간, '하우숭' 이야기를 하는 이유다.

이사를 했다.

처음 서울에 올라왔을 때는 갑자기 직장을 옮기느라 보증금

이 없어서 아는 언니 집에 1년을 얹혀살았다. 그 후 3년은 고시
원 건물 꼭대기 조그만 원룸에서 살았다. 5평도 안 되는 집이
너무 답답해서 매일 나가 놀았다. 우리 집보다 좋은 카페에서,
에어비앤비에서 공간을 누렸다. 하지만 그곳에 머물 수 있는 여
유는 몇 시간, 며칠뿐이다. 어느 순간부터 가장 머물고 싶은 공
간이 우리 집이면 좋겠다는 생각이 들었다. 그래서 대출을 받
아 조금 더 넓은 집으로 이사했다.

드디어 내게도 집다운 집이 생겼다! 이 공간을 제대로 만들
고 싶었다. 머릿속은 온통 인테리어 생각뿐이었다. 조명, 스피
커, 블라인드, 테이블, 의자, 이불 커버, 화분, 식기 등등. 갖고
싶은 것, 사고 싶은 것이 넘쳐났다. 인스타그램 검색부터 시작했
다. 내 취향으로 꾸며놓은 사람들의 집, 내가 평소 좋아했던 공
간들은 어떤 제품을 쓰고 어떻게 꾸며놓았는지 보았다. 검색을
거듭할수록 나의 위시리스트는 점점 화려해졌다.

"침대 옆에는 루이스폴센 같은 북유럽 스타일의 조명이 있으
면 좋겠고, 이케아의 큰 원형 테이블에 소파는 작은 가리모쿠
의자면 참 좋겠는데! 발뮤다 토스터, 플러스마이너스제로 청소
기도 좋을 것 같고. 디터람스 턴테이블도 하나 있으면 정말정말
좋겠다!"

예산을 넘는 과한 품목들이 리스트를 채워갔다. 더 큰 문제는 내 눈에 예쁘고 좋은 것들은 이미 잡지나 인스타그램에 흔했다는 사실이다. 점점 길어지는 리스트를 볼수록 왠지 '나 같지' 않았다. (꼭 돈이 없어서가 아니다…)

이 브랜드를 왜 사고 싶은 거지?
왜 이것들로 채워 넣고 싶은 거지?
나, 개성이 너무 없는데???

제품 하나하나의 쓰임새와 스토리를 알아가는 시간을 가졌나?
그 브랜드들을 소비하는 게 궁극적으로 나를 보여줄 수 있을까?
그저 이걸 다 사서 채우고 예쁘게 사진 찍은 다음 인스타그램에 올리고, "이 브랜드들을 쓰는 저는 바로 이승희입니다. 나야 나! 그래요, 저 짱 멋지죠? '좋아요' 누르고 가세요"라고 하려고?
절대적인 '과시용 인테리어'가 되어가고 있는 느낌이 들었다.
실제로 누군가가 "그 스탠드는 왜 사고 싶은데?"라고 물었는데 명확히 대답하지 못한 적이 있다. '그냥 예뻐서'라고도 하지 못했다. 어쩌면 정말 인스타그램에 자랑하고 싶었는지도 모르겠다. '나 이 정도 안목 있는 사람이에요'라고.

혼란에 빠진 나를 구해준 것은 선배의 질문이었다.

"승희에게 어떤 집이 되었으면 좋겠어?"

"(⋯!!!) 음, 저는 빛이 잘 들어오는 게 좋아서 창이 큰 집을 구했어요. 이번엔 집에 오는 사람들에게 요리를 해주고 싶으니까 일본 식당 같았으면 좋겠고요. 매일 책을 보니 책 읽는 공간도 별도로 있었으면 좋겠고. 음악을 좋아하니까 뮤직바처럼 음질이 좋고 카페처럼 항상 음악이 흘러나왔으면 좋겠고⋯."

"그러면 이승희 카페를 만들면 되겠네! 창 앞에는 안락의자를 하나 두면 좋겠다. 집에 들어오면 항상 앉는 의자가 있어야 해. 의자가 없으면 대부분 침대로 향하게 되거든. 료칸 가봤어? 료칸에 가면 큰 창 앞에 안락의자와 작은 협탁이 놓여 있잖아. 풍경 삼아 만들었을지 모르지만 그 자체로 자는 곳과 분리된 완벽한 공간이 돼. 거기서 음악도 듣고 책도 읽는 거지. 큰 창 앞에 그런 공간을 만들어봐. 그러려면 좋은 스피커와 독서 의자가 있어야겠네."

'어떤 집이 되었으면 좋겠냐'는 질문을 듣고 아차 싶었다. 내가 이 집을 꾸밀 때 가장 먼저 했어야 할 질문이었다. 평소 에버노트에 어떤 공간을 만들고 싶다고 적어두기까지 했는데, 왜 생각지 못했을까?

'창이 크고 빛이 잘 들어오는 집이면 좋겠다.'

'책을 읽고 싶은 따뜻한 공간이면 좋겠다.'

'카페처럼 음악도 틀어놓고 커피를 직접 내려 마실 수 있었으면.'

'사람들을 초대해서 함께 먹을 수 있는 큰 원형 테이블이 있으면 좋겠다.'

그래. 이 집은 일종의 실험실이 되는 거야.

내가 카페를 만든다면? 내가 식당을 한다면? 내가 서점을 한다면?

좋은 브랜드로 둘러싸여 있지만 정작 사람은 눈에 들어오지 않고 브랜드만 보일 때 그 사람은 매력 없어 보인다. 후줄근한 티셔츠를 입어도 빛나는 사람이 있는가 하면 좋은 브랜드를 걸치고 있어도 멋이 없는 사람이 있다. 집도 마찬가지다. 아무리 명품으로 꾸며놓았어도 그 공간이 멋있지 않을 수 있다. 결국 그 공간을 채우는 사람이 중요하다.

적어도 내 집에서만은 내가 가장 돋보이기를 바란다. 나를 둘러싼 것들이 철저히 나의 정체성을 만들어내는 '수단'이 되었으면 한다. 브랜드를 모시고 사는 게 아니라 친근하게 대하는 나

였으면 한다. 내가 선망하며 소비하는 브랜드가 나를 나타내줄
거라 착각하고 자만하지 않기를 바란다.

자, 이제 내 공간을 만들어보자!
이곳에 내 이야기를 남겨보자!

내 기록이 고이는 곳,
하우숭 이야기

마음 맞는 사람들과 좋아하는 공간에서 즐거운 시간을 보내
는 것만큼 좋은 일이 또 있을까? 사는 곳이 아니라 '머물고' 싶은
곳을 갖고 싶었던 나는 새로운 보금자리 '하우숭'에 많은 사람들
을 초대했고, 함께 기록을 만들어갔다. 기록을 달성하는 차원의
기록이 아닌 우리가 보낸 시간의 기록이다. 덕분에 신나고 재미
있는 일들이 이어졌다. 남의집 프로젝트, 〈디렉토리 매거진〉, 오
늘의집 인터뷰까지, 하우숭이 쌓은 기록(?!)을 소개해본다.

다섯 글자 방房명록 : 다섯 글자로 말해요

하우숭을 오픈하고 사람들을 많이 초대했다. 신기하게도 오

는 사람마다 방명록을 쓰고 싶다고 했다. 그래서 얼떨결에 시작했는데, 이왕 하는 거 더 재미있으면 좋을 것 같아 다섯 글자만 쓰라고 했다. 자유롭게 쓰라고 하면 할 말 없는데 괜히 고민하거나 '앞에 쓴 사람보다 길게 써야 하나' 싶어 스트레스를 받을 수도 있으니.

분량제한을 두니 확실히 더 재미있었다. 보는 사람도, 쓰는 사람도. 덕분에 이 방명록은 나에 대한 기록을 넘어 이 공간에서 함께 즐긴 사람들과의 추억이 되었다.

숭식당과 숭다방 메뉴판

사람들이 행복해하는 순간은 '사랑하는 사람과 맛있는 것을 먹을 때'라는 말을 듣고서부터, 이사하면 꼭 하고 싶었던 것이 요리였다. 그래서 다섯 명 이상 앉을 수 있는 큰 원형 테이블을 들이고, 식당처럼 음식을 고를 수 있는 메뉴판도 만들었다. 이 메뉴판을 재미있어하는 친구들이 많아 인증사진으로도 남겼다. 소소한 메뉴판으로도 손님들이 행복해졌으니 그거면 됐다! (음식맛은 말 못해.)

색깔로 나눈 책장

책을 정말 좋아해서 책장에 가장 신경을 많이 썼다. 국내, 해외의 다양한 서점들을 경험하면서 나도 나만의 큐레이션을 해보고 싶었다. 하우숭의 책장 정리 기준은 '색깔.' 이 책장을 페이스북과 인스타그램에 올렸는데 생각보다 무척 많은 사람들이 좋아하고 공유했다.

하우숭 소개의 시작, '집꾸미기'

책을 색깔별로 큐레이션한 콘텐츠가 많이 공유되면서 그것을 보고 '집꾸미기'에서 연락이 왔다. 집꾸미기를 시작으로 외부 미디어에 하우숭이 알려지기 시작했다.

'남의집 프로젝트'

가정집 거실에서 낯선 이들과 집주인의 취향을 나누는 거실 여행 서비스인 '남의집 프로젝트'에 참여했다. 처음 만나는 분들이 '기록'이라는 테마 하나로 나의 사적인 공간에 모였다. 카드 포인트를 수집하는 사람, 음성기록을 모으는 사람, 4컷 사진을 모으는 사람 등 각자 꺼내놓은 기록도 하나같이 독특했다. 말 그대로 낯선 경험이었다.

〈디렉토리 매거진〉

볼드저널과 직방이 함께 만든 〈디렉토리 매거진〉에 하우숭이 소개되었다. '집꾸미기'에 노출된 후 집 관련 인터뷰 요청이 간혹 있었는데, '보증금'을 테마로 하는 〈디렉토리 매거진〉 창간호에 멋진 필름사진과 글로 들어갈 수 있어서 더욱 뿌듯했다. 이 잡지는 평생 간직할 것이다.

경험해본 자만이 가질 수 있는 7
(feat. 자리B움)

"새봄을 맞아 매거진 〈B〉에서는, 〈B〉로 스터디하는 분들을
위한 이벤트를 진행합니다. 매거진 〈B〉 최태혁 편집장이 스터디
그룹 한 팀을 직접 방문해, 궁금한 부분을 함께 나누는 Q&A
시간을 마련하려 합니다."

2016년 매거진 〈B〉 페이스북에서 스터디 그룹을 찾는 공고
가 올라왔다. 편집장이 찾아오는 이벤트라니! 매거진 〈B〉 편집
장님을 직접 만나고 싶어서 우리 팀은 급하게 스터디 모임을 만
들었다. 이름은 매거진 〈B〉의 'B'를 넣어서 '자리B움'. 스터디
하러 잠시 자리를 비우고 오겠다는 담대한(?) 포부도 드러낸 요

상한 작명이다. 이름이야 어떻든 우리는 이벤트에 당첨됐고 매거진 〈B〉 편집장님을 만날 수 있었다.

그날의 만남 이후 우리에게는 새로운 문이 열렸다. 일면식도 없는 새로운 사람을 만나 이야기를 주고받는 것만큼 영감을 얻는 데 좋은 경험이 또 있을까?

＊자리B움 : 마케터들이 만나고 싶었던 사람을 만나 평소 궁금했던 질문을 하고, 그 사람의 이야기를 듣는 모임. 최태혁 매거진 〈B〉 (전) 편집장, 데니스홍 박사, 김주원 세계일주가, 미스치프 대표, 조인혁 디자이너, 김병기 프린츠 대표, 이근백 마더그라운드 대표 등을 만났다.

'자리B움'에서 가장 기억에 남는 만남은 노홍철 님이다. '좋은 경험'이라는 취지로 진행되는 자리B움답게 노홍철 님이 꺼낸 주제 역시 경험! 가보지 않은 시간이 늘 궁금한 법이므로 우리는 노홍철 님에게 40대의 삶은 어떻냐고 물었다. 그는 늘 그렇듯 호기심 넘치는 눈으로 답했다. 단언컨대 40대는 30대만큼 재미있으며 앞으로 더 재미있을 거라고. 20대, 30대, 40대가 될수록 확실히 체력은 떨어지지만 그만큼 경험치가 쌓인다고. 어릴 적에는 무언가 하기 위해 10을 써야 했다면, 40대인 지금은 7을 이미 알

고 시작한다는 대답이 매우 흥미로웠다. 경험해본 자만이 가질
수 있는 7인 셈이다.

마케터들은 기본적으로 '경험자산주의자'다. 하나라도 더 보
고 듣고 경험하려는 에너지가 넘치는 사람들이다. 그러나 경험
을 최고로 치면서도 한편으로는 이러는 게 맞나 가끔 흔들리기
도 한다. 무조건 하고 보자는 무한긍정주의가 미래에 대한 두
려움으로 뒤바뀌는 순간이랄까.

노홍철 님의 이야기를 들으며 내가 줄곧 외쳐온 '경험'의 의
미를 다시 생각해보았다. 그가 말한 '7'은 어쩌면 새로운 것에
열광하고 감동하는 와중에 자기도 모르게 차곡차곡 쌓인 경험
치일 것이다. 무언가를 시도하고 모험하는 시간 못지않게, 그것
을 내 안에 녹이는 진중한 시간을 갖는 것도 경험의 또 다른 묘
미다.

경험해본 자만이 가질 수 있는 7.

할까 말까 망설일 때마다, 내 기억에서 끄집어내는 한 줄의
기록이다.

3
기록의 진화

기록은 달리기 같다. 꾸준히 할수록 근력이
붙어 '기록형 인간'이 된다. 기록을 하면서
생긴 가장 큰 변화는 '나를 객관화'하는 시
간이 생겼고 (전보다) 성실한 태도를 갖게
되었으며, '효율적인 시간관리'에 집중하
게 되었다는 것이다. 무엇보다 사소한 것들
을 흘려보내지 않아 내 일에 활용할 자산이
많아졌다.

쓸 맛 나는 글쓰기

기록이 습관이 되려면 어떻게 해야 할까? 내가 꾸준히 글을 쓰기 위해 했던 노력을 되짚어보았다.

첫째, 왜 쓰고 싶었는지를 기억하자.

나는 일을 잘하고 싶어서였다. 내가 한 일, 그리고 일을 잘하기 위해 했던 생각을 쓰기 시작했다. 때론 여행지에서 무언가에 홀린 것처럼 기록하기도 했다.

기록의 이유는 사람마다 다양했다. 어떤 친구는 시끄러운 머릿속 생각을 정리하기 위해 한다고 했고, 다른 친구는 책을 내고 싶어서 기록한다고 했다.

기록하고 싶다는 생각이 들었다면, 우선 그 이유부터 적어보자. 훗날 동기나 계기를 되새기는 용도로도 좋고, 무엇보다 그 자체로 기록의 추진력이 생긴다. 첫 기록이 만들어졌으니 '기록하는 삶'이 이미 시작된 것 아닌가!

둘째, 어디에, 어떤 도구로 써야 할까?

선배 한 명은 종이를 고집한다. 글을 쓰려면 쓸 맛이 나야 한다는 이유였다. 실제로 쓰는 촉감이 좋아서 종이를 선호하는 사람들이 많다.

도구를 정하는 것은 기록을 시작하는 아주 중요한 준비요소 중 하나다. 선배의 말처럼, 자고로 기록할 때는 '쓸 맛'이 나야 한다. 적어도 나는 그렇다. 매일 먹는 밥이어도 맛있고 깔끔하고 예쁜 것만 먹고 싶듯, 매일 하는 기록도 이왕이면 편하고 기분 좋아야 하지 않을까. 그래서 쓸 때는 나에게 가장 편한 도구로 시작해야 하며, 기록하는 데 어려움이 없어야 한다.

이렇듯 '쓸 맛'이란 기록을 지속하게 해주는 꽤 중요한 요소다. 어떻게 쓰든 흰 바탕에 글이 새겨지는 건 마찬가지인데 도구에 따라 나오는 글이 다르고 기록되는 형태도 달라진다. 내게 '쓸 맛' 나는 도구가 무엇인지 찾아야 한다.

말이 나온 김에 내가 어떤 도구로 기록하고 글을 쓰는지 한 번 정리해보았다.

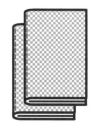

어디에 쓸 것인가

노트

어디에도 무난히 어울리는 느낌의 무지 실제본 노트를 사용한다. 크기는 들고 다니기 편한 9×14cm이며 내지는 100g 이상의 종이를 선호한다. 이 정도 두께면 뒷면에 글씨가 비치지 않아서 싸인펜도 마음껏 힘차게 쓸 수 있다.

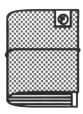

프라이탁 노트커버(프라이탁 F241 SID)

작은 노트를 넣어 다니기에 안성맞춤이다. 손에 들고 다니기 적합한 크기에 물에 젖지 않아서 더욱 좋다.

몰스킨 다이어리

긴 호흡이 필요한 글, 한 해를 정리하거나 나만 알고 싶은 이야기를 쓸 때 몰스킨 다이어리를 꺼낸다. 일기장처럼 집에 두고 다닌다.

에버노트와 메모 앱

좀 더 무거운 기록(글이 길고 아카이빙을 해둬야 하는, 중요한)을 할 때에는 에버노트를, 가벼운 기록을 할 땐 메모 앱을 쓴다.

아이패드와 애플펜슬 그리고 사각사각 필름

나는 아이패드에 쓸 때에도 타이핑하기보다 펜을 사용하는 편이다. 그리고 종이에 쓰는 촉감을 좋아해서 종이 질감의 필름을 붙인다. '그럴 바엔 종이 노트에 쓰면 되지 않나' 생각할 수도 있을 텐데, 굳이 아이패드에 기록하는 건 온라인에서 실시간 공유가 가능하기 때문이다. 모든 전자 시스템과 연동되기에 포토샵, 일러스트, 영상 파일로 활용하기에도 편하다. 즉 실시간으로 빠르게 공유해야 할 때는 종이 노트보다 아이패드!

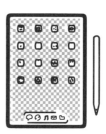

카카오톡 '나와의 채팅'

업무 중에 빨리 처리해야 할 일이나, 오늘 잊어버리면 안 되는 일을 할 때 종종 사용한다.

아이패드 노트 앱 'Notability'

아이패드로 기록할 때 가장 많이 쓰는 노트 앱으로, 세미나나 강연을 정리할 때 적합하다. 'Notability'의 가장 큰 장점은 펜으로 쓴 것도 글자로 인식해서 나중에 단어로 검색할 수 있다는 것이다. 글씨만이 아니라 그림도 그릴 수 있고 사진 첨부, 기사 링크 첨부도 가능하며 원하는 자리에 음성녹음도 추가할 수 있다. 무엇보다 이 노트는 곧바로 pdf 파일로 만들 수도 있다.

음성 메모

음성메모

스마트폰에 있는 기본 녹음기능을 쓴다. 인터뷰나 대화를 하다가 상대방의 말이 너무 좋으면 동의를 구해서 녹음을 해둔다. (+녹음하면서 동시에 메모할 수 있는 'Noted'라는 앱도 있다. 녹음파일의 어느 지점에 메모를 해뒀는지 쉽게 찾을 수 있다.)

어떤 도구로 쓸 것인가

모나미 플러스펜

펜촉이 지나치게 굵지 않아서 애용한다. 나는 그림보다 글을 많이 써서 그런지 펜텔 싸인펜보다 모나미 플러스펜이 더 잘 맞는다. 두꺼운 종이에 써도 번지지 않는다.

BIC 젤로시티 0.7mm

종이에 쓸 때마다 마음이 시원해지는 기분이 들어서 잉크펜을 좋아한다. 젤로시티는 잉크가 잘 나오고 번지지 않아서 좋다. 막힘없이 빠르게 글을 쓸 때 적합하다.

연필

공부할 때 사용한다. 자유롭게 썼다 지웠다 할 수 있어서다. 틀려도 지우면 되니까 과감하게 쓸 수 있어서 좋다. 깎아야 한다는 번거로움이 있지만, 한편으로는 연필심이 줄어들 때마다 얼마나 열심히 공부했는지 스스로 성취감을 느낄 수 있다는 장점도 있다. 사각거리는 소리도 공부할 맛 나게 한다.

고쿠요 도트라이너 테이프 풀

어떤 것이든 고쿠요 도트라이너 하나면 붙일 수 있다. 수정 테이프 형태에 양면테이프의 기능을 넣은 제품이다. 풀과 양면 테이프와는 또 다른 '붙이는 세계'에 빠져들게 된다.

아이폰

평소에 가장 많이 쓰는 도구다. 디지털 환경에 익숙해서인지 스마트폰으로 쓸 때 글이 가장 쉽게 써진다.

컴퓨터 키보드

업무나 회의에는 효율성이 중요하기에 키보드가 제격이다. 하지만 내 생각을 정리하거나 글을 쓸 때는 적합하지 않은 것 같다. 생각의 속도에 비해 키보드의 타자감이 너무 빠르기 때문이다.

바리스타의 신발

프린츠커피컴퍼니 김병기 대표님에게 들은 잊히지 않는 말. 대표님은 본인의 운동화를 가리키며 말했다.

"이게 바리스타들에게 딱인 신발입니다."

바리스타는 계속 서 있어야 한다. 그러한 그들에게 편한 운동화라는 뜻이다. 똑같은 신발이라도 자기 직업답게 표현하는 게 참 좋았다. 프린츠 커피에서는 '무향 핸드크림'도 판매하는데, 이 제품을 설명하는 인스타그램 콘텐츠에는 다음과 같이 쓰여 있었다.

"향이 있는 핸드크림을 쓸 수 없는 직업군의 기술자들을 위하여."

바리스타의 신발, 목수의 물건, 디자이너의 노트… 어떤 사물을 '직업의 도구'로 표현하는 것만큼 멋진 게 있을까?

그렇다면 마케터의 물건은 무엇이 제격일까. 나의 직업을 나타낼 수 있는 물건은 무엇이 되어야 할까. 펜은 지식 혹은 이야기를 가공하는 가장 원초적인 도구이니 마케터라면 펜? 아니면 카메라? 컴퓨터?

아직은 잘 모르겠다. 그러나 상상만으로도 즐겁다. 앞으로 일하는 사람들의 도구가 더 조명받는 시대가 될 거라 믿는다. '마케터의 볼펜'이나 '바리스타의 신발'처럼. 내가 쓰는 도구들도 언젠가 나의 '일'을 대변해주는 멋진 상징이 되어주길 바란다. 이런 기대로 오늘도 기록한다.

기록 체력

"블로그 하는 사람들은 기본적으로 성실한 것 같아."

신입 마케터 면접을 보고 온 동료들이 말했다.

"블로그 하려면 매일 쓰고 올리고 편집해야 하잖아. 어휴, 그 걸 어떻게 해? 웬만큼 부지런하지 않으면 할 수 없거든. 그래서 블로그 한다고 하면 일단 기본적으로 성실한 사람이구나 생각 하게 되더라고."

그 말을 들으며 (한동안 블로그를 뜨문뜨문해서) 뜨끔하면서도, '그래, 나도 블로그 하는 사람이야!'라는 왠지 모를 '블로그부 심'이 생겼다. 내게는 크게 어렵지 않지만 생각해보면 누군가에겐 쉽지 않은 일이다. 나는 오히려 유튜브 하는 사람들이 대단해 보인다. 어떻게 매주 영상을 찍고 편집하고 올리지?

그런데 유튜브 하는 사람들에게 물어보면 그들도 똑같이 대답한다.

"재미있어요. 시간은 걸리지만 이제는 익숙해져서 금방 돼요."

어쩔 수 없이 하는 일이 아니라 좋아서 하는 일은 노동의 총량을 의식하지 않게 된다. 이를테면 나에게 블로그는 '습관' 같은 것이다. 아침에 눈 뜨자마자, 어디론가 이동할 때, 주말 아침 침대를 벗어나지 못한 채 틈날 때마다 하는 것. 누군가에는 유튜브가 그렇겠지.

습관이 만들어지려면 기본적인 체력이 있어야 한다. 기록에도 체력이 필요함은 물론이다. 내가 정의하는 '기록 체력'은 신체의 형태와 기능을 기반으로 환경의 변화에 대응해 기록력을 유지하는 힘이다(방금 지어낸 말이다). 변화에 반응하는 일종의 방어적 능력이다.

정의야 어찌됐든, 기록을 하려면 정신과 신체가 두루 튼튼해야 한다. '수신제가치국평천하'라고 하지 않던가. 신체가 건강해야 기록도 경쾌하게 할 수 있다. 기본적인 체력이 좋은 사람은 기록 체력도 금방 붙는 것 같다.

기록 체력을 기르는 법? 매일 하는 힘을 기른다는 점에서는 습관 들이기와 다를 바 없다. 매일 관찰하고 그에 대해 내 시각으로 적어보는 과정을 쉽게 하려면 내가 흥미를 느끼거나 좋아하는 것에서부터 출발해야 한다. 그래야 사진을 찍든, 글을 쓰든, 영상을 만들든 조금은 덜 힘드니까. 그렇게 기록 체력이 길러지면 점차 '기록형 인간'이 된다. 스스로 기록하고 있는지 의식하지 못할 정도로 자연스럽게 몸에 밴 것이다.

나는 애초에 게으르게 태어난 데다, 다섯 종류의 영양제를 먹을 만큼 타고난 체력도 강하지 않다. 하지만 다른 건 몰라도 기록 하나만큼은 성실하게 하고 있다고 자부한다. 이런 나도 기록형 인간이 된 지는 6년밖에 안 됐다. 누구든 (마음만 먹으면) 기록하는 인간이 될 수 있다는 뜻이다. 특히 사람들의 반응과 소통을 즐기는 커뮤니케이터라면 블로그, 유튜브, 인스타그램과 같은 미디어를 시작으로 기록 체력을 길러보라고 권하고 싶다. 실행력은 작은 시도로부터 시작된다.

아이패드 작가

요즘 '직업'에 대해 많이 생각한다. 국어사전을 찾아보면 직업은 '생계를 유지하기 위해 자신의 적성과 능력에 따라 일정한 기간 동안 계속하여 종사하는 일'이라 나와 있다. 하지만 요즘 내가 생각하는 직업은 조금 더 넓은 의미로, '자신이 하는 일에 대한 정의 혹은 정체성' 같은 개념이 아닐까 싶다.

예전에 어떤 잡지에서 누군가가 본인을 '인스타그래머'라고 소개하는 걸 보고 쿨하다고 느낀 적이 있다. 몇 년 전만 해도 블로거나 유튜버를 직업이라고 진지하게 받아들이는 분위기가 아니었다. 대부분 그런 건 직업이 아니라고 생각했다. 하지만 요즘에는 인스타그래머나 유튜버, 블로거 등을 직업으로 떳떳이 밝히는 사람들이 늘어나고 있다. 얼마나 멋진 시대인가!

물론 사람들의 인식이 완전히 달라지지는 않았을 것이다. 몇 몇 디자이너들은 아이패드로 그린 그림을 작품이라 인정하지 않고, 일부 사진작가들은 아이폰으로 찍은 사진은 진정한 사진이 아니라고 말한다. 아이패드와 아이폰이 전통적인 도구가 아니어서일까?

하지만 나는 자신만의 기술을 지켜가는 것도 중요하지만 새로운 도구와 장비, 기술을 적극적으로 받아들이는 사람이 훨씬 더 멋지다고 생각한다. 새로운 무기는 내가 가진 내용물을 더욱 세련되게 바꿔줄 것이다. 내가 전하고자 하는 메시지를 한층 새로운 방식으로 구현해줄 것이다. 좋은 장비는 나란 사람을 레벨 업 시켜주기도 하니까.

유튜브, 인스타그램과 같은 미디어로 자신을 설명하는 사람들처럼 머잖아 자신을 '아이패드 작가', '아이폰 사진가'라고 소개하는 시대가 올 거라 믿는다.

〈더 픽사 스토리〉 다큐멘터리를 보면 기존 월트디즈니 애니메이터들은 2D를 고집했고, 3D를 받아들이는 데 굉장히 방어적이었던 것으로 나온다. 컴퓨터로 그리는 그림은 진짜 그림이 아니라는 주장이었다. 3D를 하고 싶었던 존 라세터는 결국 월트디즈니를 나와 조지 루카스와 함께 영화 〈더 픽사 스토리〉를 만들었다. 이 작품이 대성공을 거두자 신기술(3D)에 거부반응을 보였던 월트디즈니도 마침내 컴퓨터그래픽을 받아들였고, 존 라세터 감독을 다시 불러들였다.

〈더 픽사 스토리〉 이전의 세상에서 3D 애니메이터라는 직업이 생길 줄 과연 누가 알았을까?

시대에 따라 '직업'은 수없이 사라지고 생겨난다. 그러니 '직업적 이름'을 고집하거나 불안해할 필요는 없는 것 같다. 지금 나도 이 글을 아이폰으로 쓰고 있으니 '아이폰 작가'라고 소개해도 되겠지?

도구나 장비에 연연하기보다 무엇이든 자유롭게 받아들이는 사람, 껍데기에 의존하지 않고 자신만의 관점이나 이야기를 잘 펼쳐 보이는 사람이 되고 싶다. 나 역시 때에 따라 '아이패드 작가' 혹은 '마케터', '인스타그래머'라고 나를 소개할 수 있기를.

주간음식

다양한 형태의 기록은 그 자체로 경험자산이 된다. 유튜브가 그랬고, 노트가 그랬고, 인스타그램이 그랬다. 그중에서도 '주간음식'은 내가 시도한 독특한 기록 중 하나로 남아 있다.

맛있는 음식 앞에서는 늘 즐거운 대화가 오갔다. 가장 편안한 시간에 가까운 사람들이 해주는 말을 적어두고 싶었다. 행복한 시간이 그저 흘러가는 게 아쉬워 '주간음식'이라는 이름으로 한 주 동안 먹은 음식과 그사이 오간 대화를 기록했다. 일상에 재미를 준 대화도 있었고, 영감을 준 대화도 있었고, 내 삶을 변화시킨 이야기도 있었다.

"많은 조직에서는 영감을 주는 말이 완벽하게 디자인된 리더의 연설에서 나온다고 생각한다. 그러나 사람들은 대개 개인적인 대화에서 영감을 얻는다."

— 크리스티 해지스, 해지스컴퍼니 창업자

대화를 기록하는 것도 즐거웠지만 기록의 방식이라는 관점에서도 '주간음식'은 흥미로운 시도였다. 음식사진 위에 영화 자막처럼 상대방의 '한마디'를 넣는 것만으로 새로운 느낌의 기록이 되었다. 우리의 시간이 '영화처럼' 변신하는 순간이었다. 더 많은 사람들이 자기만의 방식으로 기록을 해나가길 바라는 마음으로 그 일부를 공유한다.

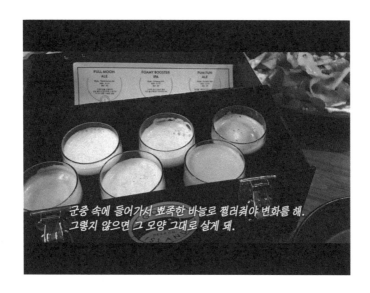

군중 속에 들어가서 뾰족한 바늘로 찔러줘야 변화를 해.
그렇지 않으면 그 모양 그대로 살게 돼.

1월 4일 목요일 @역삼동 구스아일랜드

영화 〈1987〉 이야기. 영화는 우리 모두의 마음을 울리고 반성하게 만들었다. 영화를 보며 느꼈던 이 감정들을 잊지 말고 표현해야 한다. 그때를 기억하고 관성에 젖어 살지 않는 것이 우리의 몫이다. 지금 내가 누릴 수 있는 이 자유에는 그들의 희생이 있었음을 잊지 말자.

끝과 끝을 가본 프로만이 서로 부딪치면서 앞으로 나아가요.

2월 9일 금요일 @안동국시

끝에서 끝까지 가본 프로가 되기 위해 우리 마케터들은 '완전한 몰입'을 하다가도 디자이너들에게는 '탈출'이 되어주어야 한다. 반대로 디자이너들도 그래야만 서로가 정반합을 만들어 낼 수 있겠지.

난 정말 착한 사람들이 좋아.
착한 사람은 '사람을 믿는 사람'이라고 생각해.

2월 14일 수요일 점심 @성내식당

찌개, 반찬은 매일매일 랜덤! 단돈 5000원. 양도 많고 맛있다. 가성비 끝내준다. 역시 기사식당이 최고야. 이날은 '착한 사람이 뭘까'라는 주제로 이야기했다. 나는 착한 사람일까? 아니, 나는 사람을 믿지 않는데.

2월 22일 목요일 저녁 @달빛 오징어 광어

일하다가 또 사고가 났다. 이번 주 우리 팀 멘털은 다 너덜너덜했다. 서로 하는 일에 대해 충분히 크로스체크하며 함께 일했어야 했는데 각자의 일이 너무 많아서 세세하게 봐주지 못했다. 우리 팀 모두 자책과 서러움이 폭발한 하루. 하지만 반성하고 또 나아가자, 그래야 더 나은 결과물에 다다를 수 있다.

가장 진화한
기록물 세 가지

여러 기록을 보면서 영감을 받는다. 영감을 주는 기록물은 너무나 많지만 그중 가장 멋진 진화형 기록 세 가지를 골라보았다.

1. '내 일의 역사를 한눈에' : 그래픽 디자이너 마이클 비에루트 Michael **Bierut가 30년 가까이 기록한 85권의 컴포지션 노트**

"Together, these well-worn books create a history of my working life that spans three decades(반질반질하게 닳은 이 노트들이 모여 30년에 걸친 내 일의 역사를 만들어냈다)."

1982년 8월 12일부터 남기기 시작해 무려 85권째 이어진 기

록. 이것만으로도 너무 대단하고 멋지지 않은가. 매일의 성실함
과 꾸준함이 모이면 사소한(?) 노트도 예술이 될 수 있음을 보
여주는 기록이다. 수십 년 동안 이 디자이너는 얼마나 많은 시
행착오와 부침을 겪었을까. 수많은 기획의 단초도 담겨 있을 이
노트들을 훔쳐오고 싶었다. 이처럼 한 가지 형태의 기록을 꾸준
히 모은 사람을 보면 나도 그렇게 기록해보고 싶다는 욕심이 생
긴다.

2. 영수증의 재발견 : 'Lowkey Music Blend'와 다다르다 서점 '영수증 서점일기'

영수증만큼 그 '순간'을 잘 기록해주는 것이 있을까? 기록을
좋아하는 사람이라면 누구나 한 번쯤 영수증을 모으거나 뜯어
서 다이어리에 붙여봤을 것이다. 그럴 때의 영수증은 내가 경험
한 순간을 종이 한 장에 압축해 기록한 것 같다. 내가 소비하는
것이 증표처럼 남기에 영수증을 활용한 기록물에서도 영감을
받는다.

성수동에 있는 '로우키'라는 카페는 매달 영수증 형태의 뮤
직 플레이리스트를 만든다. 이름하여 'Lowkey Music Blend.'
매달 새로운 테마를 정해 그에 어울릴 만한 곡들로 채운 리

스트인데, 매장에 가면 누구나 가져올 수 있다. 맛볼 수도 눈으로 볼 수도 없는 음악을 커피처럼 블렌딩하고 영수증의 형태로 선물하는 것이 무척 신선했다. 음악을 순간의 예술이라 하던데, 순간의 예술을 잡아두는 재미있는 방법인 듯.

그런가 하면 대전에 있는 '다다르다서점'에서는 영수증에서 주인장의 서점일기를 엿볼 수 있다. 로우키 성수점이 영수증에서 디자인을 따왔다면, 다다르다서점은 실제 영수증 하단에 이야기를 담아 전한다.

다다르다서점의 '서점일기', '오늘의 텍스트', '북토크 일정'이 담긴 이 영수증은 기록의 또 다른 형태와 가능성을 보여준다. '책을 사는 사람들에게 어떻게 하면 서점 이야기를 전할 수 있을까?'라는 주인장의 고민이었을까. 아니면 단순히 영수증이라는 매체를 좋아해서 선택한 걸까. 이유야 어찌됐든 독자들에게 사장님의 마음이 잘 전달될 것 같다. 기존 영수증이 소비의 기록을 남기는 역할에 그쳤다면 이곳의 영수증은 서점의 이야기를 전하는 창구 역할을 한다. 사소한 영수증에 의미가 생긴 것이다. 쉽게 버릴 수 없는 무게를 지닌 다다르다서점의 영수증에서 사장님의 마음을 느낀다.

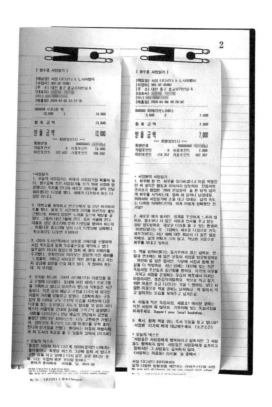

대전 다다르다서점의 영수증.
주인장의 서점일기가 담긴 이곳의 영수증은
서점의 이야기를 전하는 창구가 된다.

성수동 카페 로우키의 뮤직 플레이리스트.
영수증 형태가 먼저 시선을 끈다.

3. 브랜드가 한 목소리를 내기 위해 만든 가이드북 'Guide to Better 29CM'

29CM 내부에서 자체적으로 만든 브랜드 가이드북이다. 처음 이 책을 접하곤 너무 좋아서 동료들과 계속 돌려봤던 기억이 난다. 회사 구성원이 많아질수록 브랜드의 목소리를 한결같이 유지하기가 어려워진다. 어디서부터 이야기해야 할지, 어떻게 설명해야 할지, 물건을 사면 들어 있는 설명서 같은 게 브랜드 구성원에게도 있으면 좋겠다 싶었는데 그걸 29CM에서 멋지게 구현한 것이 부러웠다. '29CM다움'이란 무엇인지, 고객들에게 커뮤니케이션할 때는 어떻게 해야 하는지, 고객들이 바라보는 29CM는 어떤 이미지인지 등 브랜드에 대한 내용이 섬세하게 담겨 있다. 29CM에 갓 입사한 사람도 이 책 한 권이면 회사에 대해 쉽게 파악할 수 있을 것 같다. 내부 구성원뿐 아니라 브랜드를 만들어가는 사람들에게도 계속 회자될 책이라 생각한다.

'29cm다움'을 완벽하게 담아낸
한 권의 기록.

사소한 것의 장엄함

여행할 때는 주로 에어비앤비를 이용한다. 호텔보다 저렴하다
는 장점도 물론 있지만, 호스트의 취향이나 일상을 통해 현지
사람들은 어떻게 사는지 볼 수 있어서 좋다. 그런데 런던여행에
서는 시티즌 엠Citizen M 호텔에 묵었다. 호텔치고는 상대적으로
숙박비가 저렴했고, 오랜만에 호텔을 이용해보고 싶기도 했다.
결정적으로, 이곳을 추천해준 친구가 내가 분명 이 호텔을 좋
아할 거라 장담했기 때문이다. 왜 저렇게 확신할까 싶었는데, 도
착하자마자 이유를 알 것 같았다.

호텔 곳곳에는 'Citizen M says'이라는 위트 있는 문장이 적
혀 있었다.

발판에는 'Citizen M says : nice shoes.'

엘리베이터에는 'Citizen M says : get together.'

특히 볼펜에 적혀 있는 문장이 환상적이었다.

'Citizen M says : steal this pen and write to a loved one back home.'

이 펜을 훔쳐가서 사랑하는 이에게 편지를 쓰라니. 호텔 방에 으레 있는 볼펜일 뿐인데, 어떻게 이런 문장을 써놓을 생각을 했지? 곳곳마다 센스 넘치는 이 호텔을 어찌 사랑하지 않으리.

나는 유독 소소한 것, 작은 것에 공들여 시간을 투자한 제품이나 디자인에 감동받는 편이다. 남들이 보지 않을 것에도 의미를 두었다는 사실만으로 감동한달까.

특별하게 바라볼 줄 아는 사람의 눈과 손을 거치면 별것 아닌 것도 특별해지듯, 뭉툭함을 다듬어 뾰족하게 만드는 것은 태도에서 시작된다 믿는다. 태도라 말하니 거창하게 들릴지 모르지만 다른 말로 하면 '사소한 것을 위대하게 바라보는 힘'이다. 영감을 얻으려면 집요한 관찰이 필요한데, 집요한 관찰이란 결국 사소한 것을 위대하게 바라보는 힘 아닐까. 거리에서 들리는 음악이, 하늘에 떠 있는 구름이 내게 '의미'가 될지 아닐지는 나의 태도에 달렸다. 얼핏 쓸데없어 보이는 것도 쓸모 있게 만드는 사람이 마케터인 것처럼.

세상에 하찮은 것은 하나도 없다. 하찮다고 바라보는 태도만 있을 뿐.

그래서 이 볼펜을 챙겨왔다. 이렇게 나에게 영감을 주는 것, 내 삶의 이야기를 더 풍성하게 만들어주는 것, 예뻐서 보기만 해도 좋은 것, 누군가에게 선물하고 싶은 것들을 챙기다 보니 어느새 캐리어에 여행의 물건이 한가득했다. 힘겹게 실어온 물건들을 집에 쌓아두고 있자니, 낯선 여정에 내게 영감이 된 '여행의 물건들'을 풀어놓고 사진도 찍어주고, 친한 이들에게 자랑 겸 소개해보고 싶다는 마음이 일었다. 얼마나 가치 있는 물건인지, 나에게 어떤 의미로 다가왔는지.

그래서 여행의 물건들을 소개하는 책자를 만들었다. 수집가들이 물건을 모아두고 아카이브 전시를 하듯이, 나는 책으로 전시를 한 것이다. 코끼리 똥으로 만든 종이 수첩, 뉴욕 현대 미술관 티켓, 하리보 젤리 봉지로 만든 동전지갑, 물풀 등 진짜 사소해 보이는 것들을 주인공으로 만들어주는 작업이었다.

'누가 이런 걸 보고 싶어 하겠어?' 싶겠지만, 책이라는 형태로 만들어보니 신기하게도 사람들이 이 사소한 물건들에 관심을 주었다. 심지어 이 책 덕분에 실제로 여행의 물건들을 전시하기도 했다.

평소에도 그렇지만 여행을 가면 유독 일상의 사소함이 묻어나는 것에서 영감을 많이 얻는다. 그렇게 얻은 영감은 대부분 내 일, 즉 '마케팅에 어떻게 활용할 것인가'로 이어진다. 사소한 것을 잘 파는 사람이 되려면 남들이 보지 못하는 것을 볼 줄 아는 사람이 되어야 한다고 믿는다. 돌이켜보면 책《여행의 물건들》또한 그런 노력의 일환으로 나온 결과물일지도. 사소한 것의 위대함을 보여주려는.

컴포지션 노트와
아이패드 케이스

ipad pro 3세대용 컴포지션노트 케이스. 컴포지션 (종이)
노트인 첫처럼 들고 다니다가 딱 펼치면 아이패드 프로
로 변신! 오래된 것과 새로운 것의 환상적인 콜라보레
이션 아닌가. 앞으로도 미국의 국민 노트 컴포지션 노
트의 다양한 변주를 기대해본다.

"여행은 나를 확인하는 시간이다.
내가 무엇을 좋아하고, 무엇을 우선순위에 두는지,
무엇을 싫어하는지, 앞으로 무얼 하고 싶은지
완성되지 않은 생각들을 더듬는 시간이다."

구글맵 없는 여행

"우리의 여행은 구글맵이 있는 여행과 없는 여행으로 나뉜다."

누군가의 말처럼 나는 첫 번째 여행을 빼고는 거의 구글맵에 의존해 여행을 다녔다. 첫 해외여행인 도쿄여행에서는 친구들과 책이랑 인터넷을 뒤져가며 노트에 적고 물어물어 지하철을 탔던 기억이 난다. '맛집'을 담당했던 친구는 지하철역에서 맛집이 얼마나 떨어져 있는지 표시된 지도를 보며 우리를 데려갔지만 정확할 리 없었다. 그거 하나 제대로 안 알아봤다고 친구랑 티격태격했는데 이젠 다 추억이다. 하긴 그때도 구글맵이 있었는데 우리만 몰랐을 수도 있겠지.

구글맵을 안 뒤로 나의 구글은 여행을 떠나기도 전에 '별천지'가 됐다. 사람들이 권해준 곳, 내가 가고 싶은 곳, 책에서 본 곳, 인스타그램, 유튜버, 블로거들이 추천한 곳에 일단 별표시를 해 방문 후보에 넣어둔다. 그런 다음 교통편 등을 고려해 구체적인 동선을 짠다.

구글맵만 있으면 해외에서도 전혀 두려울 일이 없다. 구글맵이 여행자의 강력한 도구가 된 이유다. 단점이라면 어느 정도 예측 가능한 (뻔한?) 여행이 된다는 것이다.

런던에서는 모처럼 구글맵이 없는 여행을 다녔다. 런던의 코스COS 매장에 가보고 싶다는 명분이 있었지만 일단 매장을 본 후에는 발길 닿는 대로 다녀보고 싶었다. 오랜만에 혼자 떠난 여행이었기에 구글맵을 내려놓고 자유롭게 다니려고 했다. 길을 잃었다는 두려움보다는 우연한 기쁨을 자주 마주하기를, 또 다른 의미에서 여행이 더 풍성해지길 바랐다.

뉴욕에 비해 런던은 변화가 빠르거나 많은 영감이 돌아다니는 도시는 아니었다. 대신 '생각의 시간'이 가능한 공간이 많았다. 누군가의 생각과 의견에서 나오는 영감과 내 생각으로 만들어가는 영감 중 런던은 후자를 자극하는 '영감의 도시'였다.

런던 지하철을 '튜브Tube'라 부른다. 노란 조명의 어두운 분위기에 인터넷도 전혀 되지 않다 보니 런던 튜브에 머무는 시간

만큼은 '생각의 시간'이 된다. 신문이나 책을 읽는 사람도 많았다. 아무것도 안 보는 사람들은 무슨 생각을 할까? 나는 이곳에 왜 오고 싶었을까? 한국에 돌아가면 어떻게 살아야 할까? 런던 튜브에 탈 때마다 이런저런 상념에 빠졌다.

언어가 통하지 않는 낯선 여행자는 이 도시에서 어떤 영감을 얻을 수 있을까? 생각 이상으로 부담스러운 물가, 말도 안 통하고 혼자 있는 시간도 많은 상황, 어쩌면 퇴사 후 내 모습도 이럴 것 같았다. 갑자기 생긴 많은 시간을 어찌할지 몰라 당황하는 나.

여행 내내 트래블러스 노트를 끼고 다녔다. 무엇을 계속할지, 잘 사는 것은 무엇인지, 어떤 방식으로 살아갈지 부지런히 기록했다. 혼자 있으니 생각도 많아지고 오히려 하고 싶은 말도 많았던 것 같다. 노트 한 권을 다 쓰고도 아쉬움이 남았던 걸 보면.

생각해보면 이제껏 무언가에서 벗어나고 싶을 때마다 임시방편처럼 여행을 택했다. 하지만 여행이 우리 삶의 축소판이라면, 결국 모든 여행의 베이스캠프는 나 자신일 테다. 나에게서 도망치는 여행은 애초에 불가능하다. 런던여행은 완벽한 도피가 되진 못했지만, 대신 나에게 '생각의 탈출구'가 되어주었다. 구글맵의 부재와 여행의 기록 덕분에.

날씨를 맞이하는 삶

런던여행의 시작은 타임슬립 같았다.

8월 3일 토요일 오전 10시 한국에서 비행기를 타고 8시간 느린 런던에 도착했더니 다시 8월 3일 토요일 아침이 되어 있었다. 영화 〈어바웃타임〉의 팀처럼 하루를 보너스로 받은 기분이었다. 같은 지구에 살지만 같은 시간대에 살지 않는다는 것을 누구나 아는데도 말이다. 한국보다 먼저 8월 3일을 경험한 도시가 있을 테고, 런던처럼 늦게 맞은 도시가 있을 것이다. 사람의 시간도 저마다 다르듯이.

영화 속 팀의 아빠는 아들에게 더 큰 비밀을 알려주겠노라며 '하루를 더 살아보라'고 조언한다. 조언대로 해본 팀은 미처 못

본 것을 다시 보고 다시 느끼고 즐기게 된다.

팀처럼 시간여행자가 되지는 않더라도, 여행을 오면 하루하루 오늘이 마지막 날인 것처럼, 다시는 이곳에 안 올 것처럼 최선을 다해 보고 즐기고 느끼게 된다. 평소 1만 보도 채우지 못하는 내가 여행만 가면 2만 보씩 걷는 것만 봐도 그렇다. 물론 한량처럼 공원에 누워 보내는 날도 있지만, 대부분의 여행지에서 나는 최대한 많이 걷고 보고 느끼려 한다. 그런 다음 마지막 날에는 여정 중 좋았던 곳을 한 번 더 가고, 그곳에서 여행을 마무리한다.

우리의 삶도 그렇다. 태어나서 지금까지 매일매일 새로웠던 순간이 있었을 것이다. 죽음을 앞두고 있다면 여행 같았던 내 삶을 돌아보며 가장 환하게 빛났던 순간을 다시 한 번 느끼고 싶을 것이다. 그날이 오면 나는 어떤 순간을 돌려보고 싶어질까. 다행히 여행을 하면서는 한 번도 후회한 적이 없다. 내 삶도 그랬으면 좋겠다. 마지막 길에서 돌아봤는데 후회하지 않는 삶.

런던에 머무는 며칠 동안 우울, 행복, 슬픔 등 다양한 감정이 나를 스쳐갔다. 감정기복이 심한 여행이었다. 그 짧은 여행에서도 수많은 감정을 마주하는데, 일상이 매일 좋기만을 기대하는 것은 사치일지도 모르겠다. 여행지보다 다이내믹할 수 있는 일상에 더 엄격한 행복의 잣대를 들이미는 것은 아닌지. 자주 행복하고 자주 웃고 최선을 다하면 그것으로 된 것 아닐까.

　길을 잘못 들어섰을 뿐이라고, 방향은 다시 잡으면 된다고 여행에서 배운다. 어쩌면 여행은 인생을 배우기 위해 떠나는 것인지도. 좋은 날씨를 기대하는 삶보다, 날씨를 맞이하는 삶을 살자고 다짐한다.

여행의 이유

|

"여행은 글쓰기에 굉장히 좋은 시간이다."
– 무라카미 하루키,《나는 여행기를 이렇게 쓴다》(문학사상, 김진욱 옮김)

이 문장을 읽고 내 여행의 이유를 다시 생각해보았다.

사람마다 다르겠지만 나에게 여행은 '진짜 나'를 찾아가는 과정이다. 우선 여행은 그 어떤 것보다 자발적으로 행동해 만들어낸 결과물이다. 사실 평소에는 거절을 잘 못하는 성격 탓에 (자의 반 타의 반인) 약속들로 내 삶이 돌아간다는 느낌을 받을 때가 많다. 주변 사람들은 그냥 거절하면 되지 않느냐고 말하지만 이렇게 33년째 살아왔으니 쉽지만은 않은 일. 그에 비해 여행은 내가 주도해서 만들어가는 일상이자, 나를 마주하는 가장 솔직한 시간이다.

그리고 당연한 얘기지만 알지 못했던 새로운 것들을 경험하는 과정에서 조금 더 성장한 내가 된다. 취향이 분명하기보다는 오히려 무딘 편이어서 여행지를 고르거나 테마를 잡을 때 사람들에게 추천을 많이 받는다. 내 여행은 그들의 이야기를 통해 더욱 깊이 있는 여행이 된다. 누군가의 관심, 풍부한 설명으로 나의 여행이 더욱 풍성해진다.

고맙게도 많은 사람들이 본인의 추억을 소환하며 이곳저곳에 가보라고 추천을 해준다. 재미있게도, 추천하는 사람들이 듣는 나만큼이나 행복해한다. 신나서 말하는 상대방을 보며 나도 설레고, 그들의 이야기를 들으며 미리 '간접경험'이라는 여행을 떠나기도 하고, 그들이 가고 싶어 했던 곳에 먼저 가보기도 한다. 가끔은 취향이 무디어서 다행이다 싶다.

뉴욕 영감노트

2018년 6월 뉴욕에 다녀왔다.

그동안 내 머릿속의 뉴욕은 '서울의 서양 버전'이었다. 내가 사는 서울과 비슷할 것 같고, 엄청 거대한데 변화도 무지막지하게 빠른 도시. 큰 기대나 흥미는 없었다. 오래된 것들이 주는 이야기와 공간, 생김새를 좋아하는 나에게 뉴욕은 어울리지 않는 곳이라 생각했다. 먼저 뉴욕을 여행하던 친구가 우리를 소환하지 않았다면 나는 서른다섯 살 이전에는 뉴욕을 안 가봤을 것 같다. (먼저 가 있던 친구는 숙소를 무료로 제공해주었다!)

하지만 뉴욕에 도착하고 몇 시간 만에 나의 생각은 보란 듯이 바뀌었다.

뉴욕에 머무는 내내 온몸에 전율이 흘렀다. 나를 압도하는 스케일부터 보이지 않는 디테일까지, 어느 하나 빠지지 않았던 뉴욕에서 나는 무엇을 보고 발견했을까?

뉴욕의 서점, 서점, 서점

뉴욕 공립 도서관 서점
'What are you reading now?'
방문하는 사람들이 어떤 책을 읽고 있는지 볼 수 있었던 공간. 뉴욕 공립 도서관 한 켠에 마련된 이곳에서 다양한 책을 만날 수 있었다. 우리나라에서 한다면 동시대 사람들이 어떤 책을 읽고 좋아하는지 들여다볼 수 있지 않을까.

그 사람이 읽는 책을 보면 요즘 관심사가 무엇이고 어떤 고민을 하는지 알 수 있다. 물론 그래서 내가 읽는 책을 숨기고 싶을 때도 있다. 내 마음을 들키는 것 같아서. 하지만 이렇게 익명으로 남기는 포스트잇에는 적어둘 수 있을 것 같다.

'그래서 지금, 당신은 무엇을 읽고 있나요?' → 화두를 던지는 문장!

MJBMcNally Jackson Books

서점의 책 벽지와 천장 전시

회사에서 출간기념회를 앞두고 이 공간을 봐서 그런지, 이렇게 책으로 공간을 도배해놔도 좋겠다는 생각이 들었다. 공간 자체를 전시장처럼 만들어두는 것도 매력적일 테니. 누가 봐도 '여긴 서점이다!'라고 외치던 인테리어.

"thought"

스푼빌 앤 슈거타운Spoonbill & Sugartown

서점의 ('Thought') 서재

'예술가들을 위한 책방'이라 불리는 브루클린의 서점. 실제로 예술가들을 위한 책 위주로 큐레이션되어 있었다. 서재를 문학, 디자인, 경제경영 코너가 아닌 'Thought'라고 분류한 것이 인상적이었다. 하긴, 책을 꼭 카테고리별로 나눌 필요가 있을까? 나 역시 집의 서재를 책 색깔별로 구분해놓았다. 책장을 구분하는 것은 주인 마음이다. 어떻게 분류하느냐는 사람마다 다르므로 남들과 똑같이 할 필요 없다. 내 마음대로 주제를 잡고 서재를 만들어보자.

스트랜드 서점Strand Book Store 및

여러 뉴욕 독립서점의 'signed books'

가장 벤치마킹하고 싶었던 아이디어!
저자의 친필 사인을 미리 받아두고 그
책에는 'signed edition'이라는 스티

나중에 내 책에도 꼭 해보고 싶다

커를 붙인다. 가격도 똑같다. 이 사인 에디션 하나로도 스트랜
드 책방에 갈 이유는 충분하다! 이거 하나로 책이 너무 특별해
진다. 내가 독립서점을 한다면 가장 먼저 이 아이디어를 차용할
것 같다. 한국에 왔더니 이미 당인리책발전소 위례점이 그렇게
하고 있어서 최은영 작가님의 책을 냉큼 사왔다.

살 것, 탈 것, 즐길 것

m&m 'Your Name, Your MUG!'
뉴욕에 도착하자마자 가장 먼저 들렀
던 타임스퀘어 m&m 스토어. 초콜릿
브랜드가 이렇게 다양한 굿즈를 만들
수 있다니.

브랜드들은 왜 굿즈를 만들기 시작했을까? 나는 한 가지 카테고리에 종속되지 않고 생활 속에 스머드는 브랜드를 좋아한다. '초콜릿이니까 초콜릿으로 살아야지' 하고 안주하는 방식은 지루하다.

굿즈의 종류에도 혀를 내둘렀지만 공간 구성과 진열도 무척 좋았다. 그중에서도 가장 좋았던 것은 바로 'Name Mug' 컵! 웬만한 영어 이름은 다 있었다. 나는 조셉 고든 레빗을 좋아해서 조셉 머그컵으로 골라왔다.

시티바이크Citi bike의 이용제한

한국에는 따릉이, 상해에는 오포ofo가 있듯이 뉴욕에 가면 시티바이크를 흔하게 볼 수 있다. 이 자전거의 운영권을 따내기 위해 많은 기업이 경쟁했다는데, 최종 승자는 시티은행이라 시티바이크다. 시티은행 고객은 시티바이크를 무제한 이용할 수 있지만, 그렇지 않으면 시간제한이 있고 불편하다. 뉴욕에 산다면 자전거 때문에라도 시티은행 고객이 되지 않을까.

이렇게,
어디에 써 먹을 수 있지?

문구점 굿즈 포더 스터디GOODS for the study의
연필 진열

이 /문구점은 특이하게도 비싼 연필과
펜을 포장박스에 고이 모셔두지 않고,
잘 보이도록 유리병에 가득 꽂아두었
다. 가격표도 따로 없이 유리병에 흰색 펜으로 써놓은 <u>과감한</u>
<u>디스플레이</u>가 인상적이었다.

비용도 만만치 않을 텐데.

피자 메모장과 카드

피자박스를 열면 피자 종이카드가 나
온다. 굿즈를 만들 때 가장 많이 하는
시도가 '가장 크게 만들거나' '가장 작
게 만들거나'라고 한다. 이건 피자를
아주 작게 만든 메모장이다. 사지 않을 이유가 없었다. ──→ 더불어 용지도
크기 작게 나옴.
더 찾아보기.

아티스트 팔레트 코스터

아티스트의 팔레트로 컵 코스터를 만
들다니. 그 자체로 너무 아름다웠다.

브루클린 플리마켓에서 발견한

〈뉴요커〉 오리지널 커버

플리마켓에는 옛날 잡지의 표지를 원본 그대로 모아서 파는 아저씨들이 종종 있다. 〈뉴요커〉 표지는 다양한 아티스트가 참여하고, 아티스트의 명성에 따라 가격도 다르게 책정되는 것 같았다. 이 아저씨들이 수집한 건 단순한 잡지 커버가 아니라 '한 시대'는 아닐지. 나는 그래서 수집가들의 힘을 믿는다. 나도 시간을 모으는 힘을 갖고 싶다. 그것이 내가 빈티지 물건을 사는 이유이기도 하다. 시대를 반영하고 내 눈에 귀엽고 아름다운 커버 몇 장을 사 왔다. 마음 같아선 다 사고 싶었지만.

CW펜슬CW Pencil

뉴욕의 유명한 연필가게. 문구 덕후라면 반드시 들러야 한다. 연필가게에는 대부분 연필 진열대에 테스트 종이가 있는데, 다소 어수선하고 지저분해 보이기 십상이다. 하지만 이 세련된 가게는 입구에 시필지가 따로 놓여 있어서 연필의 질감을 테스트해볼 수 있다.

무엇보다 가장 인상 깊었던 것은 연필 세트였다.

'왼손잡이를 위한 연필세트'

'작가를 위한 연필세트'

'뮤지션을 위한 연필세트'

기획 '우울할 때 쓰는 연필, 기분이 상쾌해지는 펜' 이런 것도 만들어본다면?

사실 어떤 사람이든 써도 될 텐데 '습관'이나 '직업군'으로 나눠서 묶어주니 괜히 더 사고 싶어진다. 글 쓰는 친구에겐 '작가를 위한 연필세트'를, 왼손잡이 친구에겐 '왼손잡이를 위한 연필세트'를.

뉴욕 이치란 라멘 그릇

이치란 라멘이 먹고 싶어서 일본에 갈 정도로 사랑하는 브랜드. 뉴욕에도 지점이 생겼다기에 바로 가봤다. 특이하게도 뉴욕 지점에서는 라멘뿐 아니라 그릇세트도 팔고 있었다. 맛이란 어디에서 먹는지(공간), 어떻게 먹는지(방법), 무엇을 먹는지(재료), 누구와 먹는지 등 다양한 요소로 결정되므로 라멘만 사가서는 집에서 그 맛을 100% 즐기기 어렵다. 그런데 그릇까지 판매한다면 집에서도 이치란 라멘의 맛과 기분을 좀 더 그럴듯하게 느낄 수 있지 않을까. 먹는 기분까지 놓치지 않고 함께 판매하는 것 같아 좋았다. 인스타그래머블한 요즘 시대에 더할 나위 없기도 하고.

그릇이 중요한 시대

뉴욕 현대 미술관 입장 티켓

뉴욕 현대 미술관 티켓 뒷면에는 전시 작품이 담겨 있다. 무작위로 나오는 것 같던데, 종이 티켓을 버리지 않고 보관하게 만드는 특별한 방법이라 생각했다. 이 티켓을 다 모으고 싶어서라도 더 자주 오고 싶어질 것 같다.

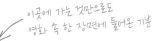

이곳에 가는 것만으로도
영화 속 한 장면에 들어온 기분

스타더스트Stardust

브로드웨이 한복판에 있는 이 레스토랑은 뮤지컬 배우를 꿈꾸는 연습생들이 노래를 부르며 음식 서빙을 한다. 실제로 이곳에서 일하고 노래 부르다 〈라이온 킹〉에 섭외된 사례도 있다고. 브로드웨이 뮤지컬 배우의 등용문인 셈이다.

음식이 귀로 들어가는지 코로 들어가는지 모를 정도로 신나고 황홀한 경험이었다. 여러 편의 뮤지컬을 보며 음식을 즐기고 싶다면 꼭 스타더스트에 가시길!

나갈 때 영수증에
staff의 인스타그램 아이디를 적어준다.
PR의 공간!

아이비리그 문구점

컬럼비아 대학교 앞에 있던 문구점. '컬럼비아 대학교 엄마, 아빠 티셔츠'가 특히 귀여웠다. 이 대학에 자녀를 진학시킨 부모님들은 얼마나 뿌듯하고 자랑스러울까? 내가 이곳 학생이라면 저 티셔츠를 선물했을 텐데… (엄마 아빠 미안해.)

와비파커Warby Parker 엽서와
책 읽기 좋은 스팟 지도

안경 브랜드 와비파커. 뉴욕의 와비파커 매장은 저마다 독특하고 개성 넘쳤다. 모든 매장에는 무료로 가져갈 수 있는 그림엽서와 지도가 있었는데, 그중에서도 아티스트 제이슨 폴란과 협업하여 만든 '책 읽기 좋은 스팟 지도'가 환상적이었다. 안경 브랜드에서 책 읽기 좋은 곳을 소개하다뇨. 안경을 단순히 시력교정이나 패션 아이템 역할로 한정하지 않고 '세상을 보는' 것으로 정의하는 것 같아서 멋지다고 생각했다.

나이키 하우스 오브 이노베이션 000

NIKE House of innovation 000 쇼핑백

전 세계에서 가장 큰 나이키 매장의 한
정판 쇼핑백이다. 세계에서 옷과 신발
종류가 가장 많은 이곳은 말 그대로
나이키의 과거와 현재, 미래를 한 번에 볼 수 있는 공간이다. 하
우스 오브 이노베이션 이름이 적힌 쇼핑백을 갖고 싶어서 티셔
츠를 구매했다. 쇼핑백을 갖기 위해 티셔츠를 사다니. 역시 난
나이키의 미래다.

결론 : 뉴욕에 또 가고 싶다.

목요일의 글쓰기

2017년 1월 5일 페이스북에 쓴 글이다.

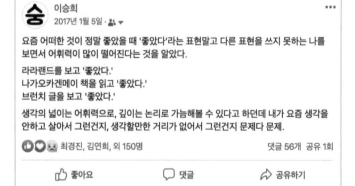

기록의 쓸모

'좋았다'는 표현 외에 다른 표현을 못하는 나 자신에게 충격 받았던 날이다.

좋은 경험에 '좋았다'고 곧바로 표현하는 것도 나쁘지 않지만, 그 이상의 좋은 경험을 했을 때 다양한 감정을 표현하지 못하는 것이 너무 답답했다. 내 좁은 어휘력 때문에 생각의 한계에 갇히는 느낌이랄까.

'한국말도 이렇게 못하는데, 살면서 내가 생각하고 느끼는 걸 다 뱉어낼 수나 있겠어?'

글이라는 것은 정말 강력하다. 나의 생각을 세상에 드러내고 읽는 사람들이 내 글(생각)에 공감하게 하고 의견을 더하는 과정들, 즉 누군가와 소통하기에 그 무엇보다 강력한 수단이다. (때로 어떤 글은 사람들에게 생각의 프레임을 입히거나 선동하는 등 무섭게 쓰이기도 하지만.)

어쨌든 나는 훈련이 필요했다. 나의 다양한 감정을 전달하기 위해, 누군가와 제대로 된 커뮤니케이션을 하기 위해, 그리고 생각을 넓고 깊게 하며 살아가기 위해. 짧게 쓰는 SNS에 익숙해지다 보면 점점 긴 글을 못 쓰게 될지도 모른다. 습관이 무섭거든.

우리는 엄청난 정보가 쏟아지는 시대에 살며 많은 정보를 공유하지만, 그만큼 쓰고 생각하는 시간은 줄어드는 듯하다. 나도 시간이 지날수록 생각의 넓이와 깊이가 좁아지는 느낌을 받았다. 새삼 섬뜩했다. 어휘력 부족으로 생각의 한계에 갇혔던 과거의 경험은 내 미래에 보내는 경고는 아니었을까?

"긴 글 쓰는 훈련을 해보면, 내 밑천도 그대로 드러나게 됩니다. 짧은 몇 줄의 글 뒤에 숨을 수 없으니까요. 글의 논리가 성글다면, 글이 오직 재치에 의존하고 있다면, 짧은 글에선 보이지 않던 약점들이 긴 글에서는 적나라하게 드러나기 마련입니다. (그래서 제 팀에 신입 카피라이터 후배가 들어오면 전 제일 먼저 긴 글 쓰기 훈련을 시킵니다.)"

— 유병욱, 《생각의 기쁨》(북하우스)

일을 할 때도 마찬가지였다. 밀도 있는 카피 한 줄이 주는 울림은 대단하다. 단순히 유행어를 좇는 패러디 문장이 아니라 강력한 한 방을 주는 문장, 나도 그렇게 쓰고 싶었다.

밀도 있는 글 뒤에는 긴 글을 써내기 위한 밀도 있는 훈련이 있듯이, 밀도 있는 짧은 글을 쓰기 위해서는 긴 글 쓰는 연습이 반드시 필요했다. 나는 그런 훈련을 하고 있는가? 물으면 아니라고 대답할 수밖에 없었다.

그러던 어느 날 마케팅실 동료 규림이 말했다.

"만날 '글 쓰고 싶다, 글 연습해야 하는데'라고만 하지 말고 제발 써요, 우리!"

규림은 계속 말했다.

"글을 쓰고 싶으면 '굳이' 시간을 내서 해야 한다니까요, 여러분?!"

그래서 우리는 2017년 8월 17일 목요일, 글쓰기를 시작했다.

목요일에 시작해서 모임명은 '목요일의 글쓰기.'

총대를 멘 규림을 포함해 그 자리에 있던 세영과 나, 셋이서 방이동 이월 로스터스 카페에서 저녁 7시부터 밤 10시까지 아무 말 없이 글을 쓰기 시작했다. 그 후 매주 목요일마다 글쓰기 모임이 진행되었다.

모임의 규칙은 간단했다.

1. 매주 목요일에 장문의 글을 쓴다. 두 문단 이상 되어야 한다.
2. 다 쓴 글은 카톡 그룹 게시판에 올린다. 사람들이 모두 볼 수 있는 공개된 곳에 오픈하는 것이 중요하다.
3. 단, 글에 대한 피드백은 절대 하지 않는다. 무조건 쓴 행위에 대해서만 칭찬한다.

처음 세 명으로 시작한 모임은 1년 후 12명이 되었다. 글 쓰고 싶은 마음만 있으면 누구나 참여할 수 있게 했다. 구글 캘린더에 목요일 일정 알림을 맞추고 웬만하면 약속을 잡지 않고 야근도 하지 않았다. 약속이 있거나 회사 일이 너무 많으면 금요일, 주말까지 시간을 투자해서라도 반드시 한 편을 쓰려고 했다.

그러기를 1년, 2년, 3년째 해오고 있다. 디자이너나 개발자처럼 마케터도 만질 수 있거나 눈에 보이는 결과물을 낼 수 없을까? 오래 품고 있었던 이 갈증이, 매주 만들어내는 글과 함께 조금씩 해소되는 느낌이었다. 어렵게 느껴졌던 글쓰기는 막상 해보니 너무 쉬웠다. 함께 쓴 덕분에 말이다.

글을 쓰며 달라진 것들

'목요일의 글쓰기'를 시작하고 매주 꾸준히 써오면서 글과 내가 함께 달라지고 있음을 실감하곤 한다. 글쓰기를 통해 발견한 '나의 글쓰기'를 이야기해보고 싶다.

나의 감정이 여러 개라는 사실을 알게 되었다

글을 쓸 때면 내 마음을 들여다보는 시간이 필요하다. 내 마음이 어떤지 살피는 건 생각보다 쉽지 않았다. 벌거벗은 나를 보는 것 같아서. 하지만 글을 쓰려면 반드시 해야 하는 일이었다.

그러다 보니 알게 된 새로운 사실은, 내 안에 든 감정이 무수히 많다는 것이다. 기쁨, 슬픔, 분노, 짜증, 우울 같은 한 단어로 규정할 수 없는 복잡한 감정이 존재했다. 그런 감정들을 하나씩 꺼내어 글을 쓰면서 어울리는 단어를 고르곤 했다. 사물이나 현상에 비유하기도 했고, 영화나 책에서 문장을 인용한 적도 있다.

때로는 한 가지 감정이 북받쳐 그 힘으로 글이 써지기도 했다. 이렇게 자기 감정에 솔직한 상태로 쓰다 보면 나라는 사람이 글에 많이 드러난다. 다른 사람의 글을 볼 때도 마찬가지다. 그 사람이 하는 생각과 현재의 감정을 고스란히 느낄 때가 종종 있다. 정말 뛰어난 소설가가 아닌 이상 본인을 숨기기 어려운 일이 글쓰기일 것이다.

자연히 예전에는 몰랐던 다양한 나의 감정을 모두 존중하게 되었다. 하나씩 꺼내어 들여다본 내 모습이니까.

글에 더 예민해졌다

"정말 예민하지 않을 것 같은데."

많은 사람이 나를 보고 예민과는 거리가 멀 것 같다고 한다. 하지만 마케팅을 하면서, 그리고 글을 쓰게 되면서 아주 예민해졌다. 말 그대로 글에서 느끼는 감정이 크고, 와 닿는 속도도 빠르다는 뜻이다. 글 하나에 울기도 하고 웃기도 하고 감동 받기도 하며, 반대로 글 하나에 실망하고 누군가를 싫어하게 되기도 했다. 그래서 글 잘 쓰는 사람이 무서울 때도 있다. 사람의 마음을 아주 쉽게 움직일 것 같아서다.

역설적으로 그래서 잘 쓰고 싶어졌다. 내 글을 보고 누군가가 힘을 얻었으면, 위로받았으면, 행복했으면 좋겠다. 아니면 내 글 덕분에 어떤 상품이 잘 팔려도 좋겠다. 내가 앱스토어 에디터가 쓴 넷플릭스 활용법을 보고 감탄한 것처럼.

"헤어졌다면 계정 공유도 '끝'

연애가 끝나면 정리할 게 많아집니다. 함께 찍었던 사진도 지워야 하고, 소셜미디어에서 차단도 해야 하죠. 또 하나 잊지 말고 챙겨야 할 것. 연애 시절 공유하던 넷플릭스 계정에서도 옛 연인을 정리해야죠. 혹시 헤어지고 나서도 몰래 내 계정을 쓴 게 아닌가 은근히 궁금했죠? '계정'으로 들어가 '디바이스 최근 시청 기록'을 확인해보세요. 아니나 다를까, 매일 밤 잘도 보고 있었군요. 한때 사랑했던 사람이 이제는 내 넷플릭스에 무임 승차나 하는 불청객이라니. 하지만 슬퍼하고 있을 수만은 없죠. 당장 '계정'에서 '모든 디바이스에서 로그아웃'을 탭하세요. 다시는 내 계정에 얼씬도 못하게요."

(출처: https://apps.apple.com/kr/story/id1336486616)

'나'라는 사람이 만들어지는 작업

좋은 작가가 되기 위해서는 무엇보다 좋은 사람이 돼야 한다
는 말이 있다. 나는 좋은 사람일까? 글을 쓰면서 스스로를 객
관적으로 보려고 노력하지만, 늘 그렇듯이 쉽지 않은 일이다.

어제의 나는, 오늘의 나는 어땠을까. 글을 쓰며 곰곰이 되짚
어보게 된다. 하지만 한 가지 자신할 수 있는 것. 내가 존재하지
않는 내 글은 한 편도 없었다. 누군가에게 잘 보이기 위해, 읽히
기 위해 쓴 글은 없었다. 지금 이 글도 나를 만들어가는 과정일
테고.

그중 가장 좋아하는 것은 편지

글을 쓰면서 글이 주는 힘을 믿게 돼서일까? 선물에도 메시
지 담기에 집중하게 되었다. 누군가에게 선물할 때면 꼭 손편지
를 쓴다. 쓰는 만큼 받는 것도 무척 좋아한다. 종이에 꾹꾹 눌
러 담은 손편지, 컴퓨터 글씨와 모바일 화면으로는 전할 수 없
는 묘한 감정.

누군가에게 편지를 쓸 때면 시간이 잠깐 멈춘 듯한 기분이
든다. 글을 쓸 때는 대개 나에게 집중하는데, 내가 아니라 오롯
이 상대방에게 집중하게 해준다는 점이 편지의 가장 큰 매력 아
닐까.

'목요일의 글'이 아니라 '목요일의 글쓰기'여서 좋다. '글'에 멈춰 있지 않고 '쓰기'라는 행위를 통해 나를 바꿔갈 수 있어서 행복하다. 30여 년을 통틀어 나에 대해 가장 많이 생각한 시간이 글 쓰는 목요일 밤이 아니었나 싶다. 앞으로도 계속 쓰는 행위를 통해 다양한 나를 만나고 싶다.

하루 열 줄 쓰는 사람

어떤 글이든 매일 열 줄씩 쓰는 행위에는 꽤 대단한 공력이 들어간다. 굳이 수치로 표현하자면 아침에 일어나 신선한 원두를 정성껏 갈아 커피 한 잔을 내리는 정성의 7.2배쯤 될까. 나를 소개하는 글도 열 줄이 될까 말까인데, 매일 스쳐 지나가는 일상에서 글감을 찾아내는 작업은 단순히 '어렵다'의 수준 그 이상이다.

그런데 생각해보면 이상하지 않은가. 우리가 친구나 동료와 나누는 대화만 해도 열 줄은 족히 넘을 텐데, 글은 왜 그렇게 쓰기 어려울까. 단골 카페에 앉아 갓 구운 빵과 커피 한잔을 놓고 앉아 창밖을 바라보며 하늘에 대해서만 써도 서너 줄은 나올 텐데 말이지. 빵과 커피와 하늘에 '나'를 넣어야 하기에 어려운 걸까. 하루 열 줄에 대한 생각을 쓰다 보니 어느덧 분량을 채운 듯하다. 뭐든 해봐야 안다는 인생 선배들의 말은 역시 옳다. 꾸준히 잘하느냐가 관건이겠지만.

  – 어느 날의 열 줄

지금, 떠오르는 열 줄을 써보세요.

기록하는 마케터

"나는 무언가를 '하는' 사람의 입장에 있지, 더 이상 무언가에 '관해' 말하는 사람의 입장에 있지 않다. (중략) 즉 실천의 형태로 다가온다. 나는 또 다른 유형의 앎(즉 '애호가'의 앎)으로 넘어간다."

– 롤랑 바르트, 《소소한 사건들》(포토넷, 임희근 옮김)

나도 어떠한 것을 받아 적는 사람으로 끝나고 싶지 않다. 앵무새처럼 '저 사람 말이 좋아, 이 사람 말이 좋아'라며 박수만 치고 싶지는 않다. 한 가지 상황도 100명이 바라보면 100가지 이야기가 나온다. 나는 '나만 할 수 있는 이야기'를 하면 된다.

끊임없이 의심하고 스스로 질문하며 나의 이야기를 만들어가면 되는 것이다. 그래서 단순한 기록이 아니라 내 생각을 담으려 노력했다. 기록에서 생각으로, 생각에서 실행으로 나아가고 싶었다. 영감계정과 노트 역시 그러한 실행의 일환이다.

영감계정을 운영하면서 재미있었던, 아니 살짝 감동적이었던 에피소드를 이야기해볼까 한다.

어느 날, 누군가 내 인스타그램 영감계정을 태그해 '승희 님처럼 영감을 모으고 있다'며 자신의 영감계정을 공개했다. 그러자 누가 주도한 것도 아닌데 '사실 저도 하고 있어요!'라며 각자의 영감계정을 오픈하는 사람들이 나타났다. 마치 영감계정 릴레이처럼. 내 계정을 보고 일상에서 소소한 영감을 찾고 기록하는 사람들이 알게 모르게 늘어나고 있었다!

영감을 무조건 모으는 게 아니라, 영감을 통해 자신의 관심사를 더 촘촘하게 들여다보려는 사람들이 많다는 게 더욱 놀라웠다. 인스타 라이브에 모인 친구들도 '나의 영감' 이야기보다 자기 이야기를 하고 싶어 했다. 앞으로 그분들이 만들어갈 기록이 벌써부터 기대된다. 좋은 기록과 나쁜 기록을 구분할 필요는 없다. 모든 기록에는 이유가 있을 테니. 무언가를 자꾸 잊어버려서 적기 시작했다면 그 또한 의미가 있을 테고, 재미있는 이야기를 많이 알리고 싶어서라면 그 또한 기록의 쓸모일 것이다. 내 경우에는 기록을 통해 내 생각을 부담 없이 말할 수 있어서 가장 좋았고, 그것이 좋은 기록이라 믿는다.

영감계정을 통해 많은 이들에게 편안하게 기록의 계기를 만들어준 것 같아서, 기록의 재미를 나눌 수 있어서 뿌듯했다. 이는 마케터의 일과도 맞닿아 있다. 내가 좋아하는 것을 사람들에게 많이 알리는 것, 그로써 사람들이 더 행복해지도록 돕는 것이 마케터의 역할일 테니.

그래서 꿈이 생겼다. 이제까지 내 이야기만 기록했다면, 이제는 누군가의 기록을 만드는 일에 일조하고 싶어진 것이다. 단순히 누군가의 목소리를 대신 전하는 걸 넘어, 소수의 이야기에 귀 기울이고 세상의 관심이 덜 미치는 어느 한 구석의 이야기를 기록해보고 싶다. 사람의 마음을 움직이는 것이 마케팅이고, 누군가의 마음을 움직일 수 있는 것은 결국 '사람의 이야기'일 테니. 앞으로 나를 '기록하는 마케터'로 소개하고 싶은 이유다.

기록의 힘

유튜브가 대세다. 영상을 보고 있으면 가히 콘텐츠의 집합소라 해도 무리가 없을 만큼의 폭과 깊이에 깜짝 놀란다. 이쯤 되면 유튜브로 못할 게 없겠다는 생각이다. 기록도 물론 가능하다. 내 경우엔 마음에 드는 영상을 재생목록에 저장해두었다가 사람들과 공유하고, 감동 깊었던 내용은 따로 글로 풀어 노트에 적는다. 고전적인 방식과는 언뜻 거리가 멀어 보이지만 이미 영상도 기록의 수단으로 자리 잡은 셈이다.

언젠가 방송에서 "글이나 사진이 아닌 유튜브로 전달하는 콘텐츠가 또 다른 독서의 형태"라는 이야기를 들은 적이 있다. 물론 영상이 텍스트를 밀어내고 모든 것을 독점하는 일은 없겠지만, 영상이라서 먹힐 수 있는 '매력'이 존재한다는 사실은 인정해야 할 것 같다.

나 역시 그러한 영상의 매력을 누리고, 아니 직접 경험해보고 싶어서 유튜브를 시작했다. 내 일상을 공유하는 브이로그도 해보고 회사 동료들과도 유튜브를 해봤지만, 가장 재미있게 열중한 건 '모티비' 프로젝트다. 모티비MoTV는 모베러웍스 Mobetterworks라는 브랜드의 창업기를 유튜브로 보여주는 채널인데, 퇴사 후 운 좋게 모베러웍스와 2020 S/S 시즌 준비를 함께하면서 자연스럽게 모티비에 출연하게 됐다. 유튜브에서 모티비 채널을 보고 팬이 됐다가 이렇게까지 이어졌으니 역시 사람 일은 한 치 앞을 모르겠다.

모티비에 출연하면서 다양한 사람을 만나고 함께 일하는 것도 좋았지만, 모티비 시청자에 머물지 않고 생산자로서 기회를 얻은 것이 무엇보다 좋았다. (내가 직접 영상을 편집한 것은 아니지만) 유튜브 세계에서 생산자 쪽 세상을 조금이나마 경험한 것이다. 기록을 하고, 책을 내고, 영상을 만들면서 무언가 만들어내는 세계에 발을 들인 기분이었다.

앞으로 우리가 사는 세계는 콘텐츠를 생산하는 사람과 소비하는 사람으로 나뉘게 되지 않을까? 나는 생산자의 입장에 서

고 싶다. 소비자에 머물지 않고 콘텐츠를 생산하고 싶은 이유
는, 좀 더 주체적으로 살아가고 싶기 때문이다. 다른 사람의 생
각이나 언어에 지배되지 않고, 꾸준히 자신의 생각을 기록하고
다듬어간다면 '나다움'에도 좀 더 가까워지지 않을까.

　누군가는 '혼자 열심히 일기를 써도 되는 거 아니야? 굳이 기
록이라고 거창하게 불러야 해?'라고 할지도 모르겠다. 하지만
경험으로 알게 된 사실이 있다. 나만의 언어를 가지려면 기록이
라는 형태를 간과할 수 없다는 것. 그런 맥락에서 '나답게 사는
삶'의 토대를 만들어주는 것이야말로 기록의 힘이라 믿는다.

모든 우리는 '쓸모'가 있습니다

이 책을 쓰는 동안 저는 다니던 회사를 그만두었습니다. 이제 소속이 없는 사람이 된 것이죠.

회사를 나와보니, 아무것도 안 하는 삶에 오히려 엄청난 집중력이 필요하다는 사실을 알았습니다. 그래서 친구와 '아무것도 하고 싶지 않은 백수 듀오'라는 취지로 '두낫띵클럽Do Nothing Club'이라는 것을 결성했습니다. 이렇게 선언하면 좀 더 마음의 여유를 갖고 한가하게 살 줄 알았는데 그러기는커녕 끊임없이 무언가를 배우고 경험하고 돌아다니고 있더라고요. 물론 기록도 열심히 하면서요. 지금은 아무것도 하지 않겠다는 성실한 포부만 남아 있습니다. 세상 일이 제 뜻대로 되지는 않는 것 같습니다. 아이러니하게도 두낫띵 하겠다면서 더 많은 일을 벌이게 되었어요. 회사에 다닐 때보다 더 부지런히 뭔가 하고 있으니까요.

"너의 다음 스텝이 기대돼."
"승희는 어느 회사에 갈 거야?"

회사를 그만두고 나서 지금까지 가장 많이 받은 질문입니다. 저는 이미 '다음 여정'을 시작했는데 계속 다음 스텝이 기대된다고 하더라고요. 마케터의 일이 사람들에게 영향을 미치는 거라면, 사람들의 마음을 움직이는 거라면, 저는 회사원이라는 소속만 반납했을 뿐 여전히 마케터로 일하고 있는데 말이죠. 그래서 언젠가부터 저의 대답은 '이미 다음 여정을 시작했다'로 바뀌었습니다. 실제로 그렇고요.

어쩌면 우리는 지나치게 모든 것에 '기준'을 부여하고 있는지도 모르겠습니다. '회사원은 이래야 한다'고, '이런 일을 하는 사람은 어떠해야 한다'고.
제가 하는 기록만 봐도 그렇습니다. 기록을 주제로 책 한 권을 쓰긴 했지만 저는 기록을 잘해서 TV에 나온 적도 없고, 수십 년 동안 기록에만 매진해온 기록 장인은 더욱 아닙니다. 누가 봐도 감탄할 만큼 어마어마하게 글을 잘 쓰는 것도 아니고요. 제 책은 평범한 직장인이자 마케터로서 수년간 해온 일의 고민과 일상의 영감을 담은, 실용적 목적의 기록일 뿐입니다. 엄청나게 독특한 형태도 아니죠. 제 지인 중에는 자연의 소리를 매일 녹음(기록)하는 친구도 있으니까요.

　하지만 그렇기에 저의 기록이 쓸모 있는 게 아닐까요? 단순히 일을 잘하고 싶어서 시작한 직장인의 기록이 일에 대한 재미로, 영감의 수집으로, 나에 대한 이야기로 진화해온 거니까요.

　저는 이 책을 읽은 분들에게 어떤 기록이라도 꼭 시작해보라고 권하고 싶습니다. 반드시 촘촘할 필요는 없습니다. 대단한 내용이 아니어도 좋습니다. 어쩌면 진정한 기록의 쓸모란 그동안 알지 못했던 '나의 쓸모'를 찾아가는 것인지도 모릅니다. 모든 기록에 나름의 쓸모가 있듯이 우리에게도 각자의 쓸모가 있을 테니까요.

이승희

저의 기록과 함께해준 분들께 감사드립니다.

이제 여기서부터 당신의 기록이 시작됩니다.

기록의 쓸모

마 케 터 의 영 감 노 트

2020년 5월 21일 초판 1쇄 발행
2024년 1월 10일 초판 12쇄 발행

지은이   이승희
펴낸이   김은경
펴낸곳   ㈜북스톤
주소   서울특별시 성동구 성수이로7길 30, 2층
대표전화 02-6463-7000
팩스   02-6499-1706
이메일   info@book-stone.co.kr
출판등록 2015년 1월 2일 제2018-000078호
ⓒ 이승희(저작권자와 맺은 특약에 따라 검인을 생략합니다)
ISBN 979-11-87289-85-2 (03320)

북스톤은 세상에 오래 남는 책을 만들고자 합니다. 이에 동참을 원하는 독자 여러분의 아이디어와 원고를 기
다리고 있습니다. 책으로 엮기를 원하는 기획이나 원고가 있으신 분은 연락처와 함께 이메일 info@book-
stone.co.kr로 보내주세요. 돌에 새기듯, 오래 남는 지혜를 전하는 데 힘쓰겠습니다.